Manfred Linke

Die Logik des Herwegs

Philalethische Bemerkungen

München 2008

Zum Autor

Jahrgang 1940. Pensionierter Banker. Arbeiten zur Erkenntnistheorie. Schwerpunkt: Denken als Resultat „inkludenter“ Vernunft.

Bibliografische Information der Deutschen Nationalbibliothek:
Die Deutsche Nationalbibliothek verzeichnet diese Publikation in der Deutschen Nationalbibliografie; detaillierte bibliografische Daten sind im Internet über http://dnb.d-nb.de abrufbar.

Herstellung und Verlag: Books on Demand GmbH, Norderstedt
ISBN: 978-3-8370-2399-2

Inhaltsverzeichnis

Vorbemerkung

Glaube ist, da gleich Treue, Parteiergreifung. Als solche ergreift er das Denken; wo nicht, denkt kein Denken, sondern der Un-Glaube. Denken fungiert als Vernunftvehikel im Sinne der Antwort auf den vernehmbaren Gott: auf den, der „herkommt“. Die Stringenz dieses Herwegs zu zeigen, ist der Zweck dieses Buchs. Damit verknüpft, der Versuch, konsequent zu sein: Hinwege nicht zu verachten, doch ihre Grenzen ins Licht zu rücken. Nicht eines Besserwissens, sondern des Anstands wegen. Wenn Wahrheit - Aletheia - kein Gehirnprodukt, sondern „externes“, und personales, Ereignis ist, bedenkt sie angemessen nur der, der sie liebt; dessen Wort „philalethisches“ Ja-Wort zu sein sich vornimmt. Dies oder jenes Nein zur „Lethe“ ergibt sich daraus von selbst.

Denken und Gerechtigkeit

Wahrheit und Intellekt

Ist alles wahr, ist nichts wahr. Ist aber nichts wahr, dann auch, daß nichts wahr ist. Ist also doch etwas wahr und anderes falsch, bleibt die Frage, was, und warum, wahr oder falsch ist. Wer, und mit welcher Autorität, stellt das fest? Kann das jeder oder, wenn nicht, wer nicht und wieso nicht? Sind nämlich alle gleich, widerspricht dies pluraler Wahrheit, bedingt also eine einzige. Sind jedoch alle frei, widerspricht dies der singularen und spricht für jedermanns Wahrheit, was, da dann abermals alles wahr ist, falsch ist. Falsch eo ipso und im speziellen, weil Koinzidenz von Wahrheit und Faustrecht voraussetzend, was Mensch gleich Biologie bedeuten würde. Gälte jedermanns Wahrheit, dann implizit der Oktroi des Mörders, also gerade nicht der Primat des Lebens, sondern Krieg oder Friedhofsruhe.

Andererseits: Gibt es die Konkurrenz von Wahrheiten als Evolution von Vermutungen in die gleiche Richtung, setzt dies voraus, die Wahrheit sei bis auf weiteres unzuhanden, sprich Nicht-Internum, was einschließt, sie sei weder Etwas noch zeitgebunden, sondern verlorenes, „interessantes“ Externum. Ist sie das, schließt dies interne Definitionsmacht aus und legt nahe, dem Mutmaßungskatalog insgesamt zu mißtrauen; ist sie das nicht, sowieso. Denn wer die anthropogene Wahrheit vertritt, kommt erst recht nicht weiter. Ist sie nämlich ein Faktum, verlagert sich das Problem zurück zum Faktor. Ist dieser jedoch – und wer sonst? – der Mensch, der Externes nicht konzediert, bleiben Behauptungen übrig, die sich zu Mythen verdichten. (Auch der Agnostizismus ist so ein Mythos, denn die Behauptung des Nichterkennenkönnens behauptet ja eine Art Erkenntnis.)

Kant versucht, dem Dilemma mit der amphibischen Formel der Heuristischen Fiktion beizukommen. Heuristische Fiktion heißt auf Deutsch: fündig gewordene Einbildung. Das regt zu zwei Fragen an.

Die erste: Was findet eine Fiktion außer dem, was ein Glaube oder auch Aberglaube ihr vorgibt? Heißt nicht, ich bilde mir etwas ein, dies bilde, was ist, nicht ab, sondern um? Die zweite, damit verknüpft: Gebietet es nicht die Redlichkeit – möglicherweise auch der Selbstschutz -, Externes, Unendliches wenigstens gleich intensiv zu vermuten wie auszuschließen, sprich äquivalent vorauszusetzen, Externes stehe Internem zwar in der Regel – das heißt, seinem Standard nach – sinnlich nicht zur Verfügung, bestehe aber gleichwohl und verfüge übersinnlich über Internes, sprich: über mich? Schließlich, Ergebnis aus beiden: Ist auszuschließen, daß Denken nur ausdrückt, wozu ein Interesse oder auch Kontraesse es anspornt; daß also dianoetisches Tun als Werkzeug fungiert und die Gleichung Denken – Diakonie gilt? Daß, mit anderen Worten, Wahrheit nicht denkbar im engeren, fabrikatorischen Sinn ist, wohl aber apperzeptibel „als“ Sinn, und Denken wahr oder falsch sein kann, je nachdem, wo ein – prälektueller – Geschmack oder Ungeschmack hinfällt, es einen Wahrheit verbürgenden Intellekt also gar nicht gibt, sondern nur einen prälektuell gesteuerten Pro- oder Kontralekt als Zustimmung oder Opposition zum faktorischen Prius?

Verhält es sich so, erledigt sich das Problem der Beweisbarkeit infiniten Seins insofern, als nicht Transzendenz ad externum, sondern Deszendenz des Externen not tut, sprich Beweisbarkeit im internen Sinn nicht zur Debatte steht und Nichtbeweisbarkeit kein Argument, sondern ein kontralektueller Schachzug ist. Die Nichtausschließbarkeit infiniter, externer Wahrheit wäre dann logisch die Ausschließbarkeit ihrer Einschränkung auf internes Fassungsvermögen, anders gesagt: die Attribuibilität von Allmacht als Qualität seines Standards, der das Denken als „Innenbetrieb“ der Autonomieidee übersteigt, das Gedenken als prolektuelle Gestalt des Danks jedoch nicht nur zuläßt, sondern auch wollen muß.

Kant hat das Denken, trotz der Kritik zerebraler Reichweite, sakralisiert. Kritisch wäre das Denken über das Denken gewesen, der Über-Gedanke als Sprung in den Grenzbereich, statt im Innenbetrieb stehenzubleiben und das Haupt nicht mehr wahrzunehmen, weil es im Leib nicht vorkommt. Glauben und Denken zum Widerspruch zu erklären, entspricht nicht der Logik als Kategorie der Fairneß gegen den superioren Standard. Der Sprung in den Grenzbezirk impliziert die Annahme einer diskursiv unkorrigierten Allmacht, zu welcher gehört, Gott sei sowohl die - eine - Wahrheit als auch zur Menschwerdung Fähiger und seine Botschaft das Gegenteil menschlich-internen Schwindels, sondern die „Selbstmeldung“ dessen, was gilt. Dessen zumal, daß Glaube und Denken nicht kontradiktorisch, sondern komplementär geschehen; daß, wer glaubt, weiterdenkt, weil er fair ist.

Dünken. Denken als Krücke

Der Mensch ist, so hören wir in der Selbstmeldung Gottes, Ad-hoc-Ereignis. In ihrem Kern spricht die Botschaft von einer einzigen, über-menschlichen Sache, dem Reich der Himmel. Zu ihm hin will Christi Advent den Menschen retten. Rettung heißt freilich mehr als Nichthängenlassen, nämlich die Herstellung einer Mitwirklichkeit mit Gott als Höchstausstattung. Diese war ja vertan worden und mit ihr das Wissen, das nur der Treue zukommt. Der Himmel war nicht mehr „sichtbar“, denn was die Un-Treue sieht – und „weiß“ -, ist Tatfolge, Reduktion auf sich selbst als Norm gewordener Mangel. Fazit willkommen geheißener Urhebung wäre die Hoch-Zeit gewesen; die Nur-Zeit-Fiktion entdeckt sich als Defizit. Ganz logisch sieht einer nicht, was er supprimiert. Der verweigerte Standard verweigert sich nicht nur von selbst dem Zugriff, sprich der Erkennbarkeit; die Weigerung greift eo ipso ins Leere: agere sequitur esse. Der Stolz generiert das stupide Denken, das uneingedenkende Dünken, da sei nur hoc, nur das da.

Dieser „Selbstbornierung“ entkommt das Geschöpf nicht selbst. Weil nicht fähig, wozu nicht willens, suggeriert es sich das Gesetz der Koinzidenz von Erfahrung und Wissenkönnen und läßt es bei diesem Unterstandard bewenden. Doch die Selbstbeschränkung ist weder Vernunft noch Weisheit, sondern fungiert als Schutzschild gegen das Wichtigere als mein auf mich fokussiertes Dasein.

Dünken geschieht vom Ekel gegen Ad hoc her. Die Unterschlagung externer Doxa zugunsten intern behaupteter nennt der sich selbst Bornierende Pragmatismus. Doch Dünken ist nicht nur ungerecht dem Unendlichen gegenüber; es betrügt sich auch selbst, indem es sich anmaßt, Werk zu sein, in Wirklichkeit aber als Zeug eines Widerwerks „funktioniert", Instrument ist. So gilt für gedankliches Tun überhaupt: Denken ist Illustration zum Ja oder Nein zum Faktorischen, Dank oder Groll. Dianoetisches dolmetscht Homonoia oder Paranoia. Die Werkanmaßung gebiert die Verwechslung von Wirkung und Ursache. Der Bauplan faktischer Existenz widerspricht dem: Die Schlußfolgerung folgt dem Beschluß „davor".

„Davor" lag ein Widerfahrnis hoch-zeitlicher Natur, die Begegnung mit dem Unendlichen jenseits der Zeit „danach" und aus eben diesem. Ein Betroffensein trug sich zu, das nicht „ablief" wie Zeit und Denken, vielmehr infinitermaßen geschah: außergeschichtlich und ohne „Weiteres". Die Antwort hätte der akkursorische Eintritt in das Mysterium „zwischen" Gott und Gott, die mesotheische Zivität sein können. Sie blieb aus, und das Denken begann. Prolektuell als Mindestgestalt auf Reue verkürzter Treue, kontralektuell als dianoetisch verbrämter Neid und „illektuell" als wechselseitige Lähmung von Pro und Kontra. Die illektuelle Figur reflektiert die unentschiedene Neutralität, die Äquidistanz der Vielen: Denken als Rudimentär-Gedenken plus furchtinhibierte Mißgunst. Chronomorphe Gedanklichkeit imitiert diskursiv, sprich: vergeblich, das unterlassene Akkurrieren, bleibt also selbst im Bestfall Krücke - am hoch-zeitlich-kommensionalen Zustand gemessen, unidimensionaler, elender Abstand. Der Denkende denkt, weil ungerecht, auch nicht richtig; er denkt eben nur und dankt nicht, wie es unendlicher Brauch ist. Denken und Standard sind Ungleichung.

Illekt, Intellekt und Glaube

Der Illekt wird - vorschnell - geringgeschätzt. Seine Kargheit und Nichtbrillanz täuschen Defizit vor; der Intellektuelle argwöhnt Demenz. Er übersieht, daß der Intellekt ein riskantes Ding ist; vor allem, weil er, per se, nichts einsieht, sondern als Absicht - wessen? - erscheint, was a priori mit Intelligenz nichts zu tun hat. Der Schlichte ist nicht ohne weiteres dümmer als der gedanklich Gewandtere, seine Schlichtheit oft eher latente Einsicht in schlechte Karten, sozusagen die Vorsicht vor der Verwandtschaft von Dummheit und Stolz. Der Illektuelle meidet das Heureka als Gestalt des Hochmuts, eingedenk der Gefahr von Trugschlüssen. Er käme sich dumm vor, gescheit sein zu wollen, weiß er doch nicht, woher das rühren sollte. So steht seine Stimmenthaltung für den - recht tumben - Versuch der Fairness, jedenfalls für die Richtschnur, Ratlose sollten nicht Ratgeber sein. Zugespitzt: Der Illekt ist zu intelligent, um nach Intellekt zu trachten; er unterschätzt nicht das Wagnis des Intellekts, Kontralekt, Handlanger eines Kontraesses zu werden, das dessen Geduld strapaziert, der mutmaßlich doch nicht nicht ist. So hält sich der Schlichte bedeckt, und dies ehrt ihn weit mehr als eine Zuversicht jene Klugen, die alles besser wissen, doch nichts durchschauen.

Allerdings stößt auch der Illektuelle an eine Anstandsgrenze; dort zumal, wo die Beweislast beginnt, neutral zu bleiben, sei Nichtskandal; dort also, wo das Gültige so frappiert, daß, es nicht wahrzunehmen, anstößt - auch den Illekt. Es ist dies der Punkt, jenseits dessen die Scham, nicht redlich zu sein, so herrisch wird, daß, wer sie falschnimmt, erkrankt. Unterschlägt ihn der Schlichte, hat er auf Tod gewettet und war in der Tat nur dumm: so stolz wie das Kontra, dem zu mißtrauen er antrat.

Diesen Punkt setzt geschichtlich der Herweg Gottes, die unendliche Wette auf mich. Wessen Bescheidenheit, nichts zu wissen, das Kreuz ignoriert, der macht sich der Dankunterlassung schuldig. Der Sokratesrabatt hört mit Golgotha auf. Aletheia hat einen Namen: Immanuel, und auf Lethe zu pochen, hat einen anderen: Judas. Dankunterlassung ist Logikverachtung ist Hoch-Zeit-Vereitelung. Die dianoetische Machtbalance zwischen Pro und Kontra büßt mit dem Herweg des Infiniten ihr Recht ein. Christi Entscheidung für Golgotha nötigt Entscheidung auf: für Dank oder Selbstmord. Neutralität ist unappetitlich geworden, entpuppt sich als Vorwand „utraler“ Herkunft. Die Vorbehalte gegen das Kreuz behalten sich Kumpanei mit dem Mord am Sein vor. Dem Illektuellen wird zugemutet, seine Zurückhaltung zu durchschauen: als Vorentscheidung zugunsten des – intellektuell verkleideten – Kontralekts. Es fehle der wissenschaftliche Nachweis für G o t t am Kreuz, ist kein Argument, sondern Feigenblatt des Ertapptseins bei kogitativer Masturbation. Wer, daß der Hund ein Hund sei, am Laubfrosch beweisen zu müssen vorgibt, verklausuliert seine Abneigung gegen Hunde, nimmt geschmacksaffin wahr. Die Deszendenz des Externen ist hinzunehmen, wie das Externe hinnahm, Internes maße sich an, zu genügen. Der Faktor am Kreuz verbürgt nicht nur seine Treue, sondern, aus ihr heraus und zu ihrer Ehre, das Weiterdenken des Faktums; steht für Talent zum Gedenken als Glaube und schließt die Warnung ein, das Talent zu vergraben. Nichts anderes tut der Illektuelle, der nicht mehr wahrnimmt, sein Zaudern sei längst ein Glaube: ein Sympathiebeweis für das Scheiternwollen des Unmuts, Faktum, nicht Faktor, zu sein.

Es gibt also nicht nur kein christliches Denken, sondern es gibt nur das christliche Denken als zerebralisierten Dank für die Befreiung vom autonomen Dünken. Die Fleischwerdung der Aletheia, die Selbstmeldung des gekreuzigten Infinitums de-supprimieren den Standard, heben die Selbstbornierung des Faktums auf und ermächtigen es zur „Philalethie“ als Einheit von Logik und Treue. Ist nämlich der Immanuel diese Drei: Weg, Wahrheit und Leben, dann auch, und erst recht, der geistige Weg, das exemplarische, eucharistische Denkmodell als weiterdenkendes „Dänken“.

Der Einwand, dies habe immer noch Wettcharakter, trifft zu, doch genauso der Gegeneinwand, Denken sei immer Wette, immer Setzen auf Hörensagen, stets geronnenes, missionarisches Credo. Entscheidend ist, wem ich glaube: endlicher Information oder unendlicher Botschaft, Vermutungen über die Wahrheit oder der Wahrheit selbst. Daß Wette das Non plus ultra ist, spricht dafür, daß Internum und Schuld zwei Namen des gleichen Zustands sind.

Daraus nun nicht zu schließen, Externes sei mehr als Fiktion und die Wette darauf – auf das Kreuz zumal – Prüfstand faktischer Treue (und nicht umgekehrt diese vor einem Denk-Tribunal), taugt zum Nachweis der Selbstbornierung als Resultat horrenden Delikts. Denkqualität und Geschmack am Dank korrelieren. In der Trennung von Geist und Ethos chiffriert sich das Nein zur Treue. Wahrheit ist implizit die Gesinnung des Infiniten, explizit ihr Advent in Christus.

Gewissen und Obsession

Gedanken manifestieren Haltungen; drücken aus, worauf und wozu einer hält: auf sich oder zum Entwurf des Mitwirklichseins mit dem Faktor. Es gibt Treuegedanken und Grollgedanken, kohärente und inkohärente. So oder so: Es gibt kein Denken um seiner selbst willen. Auch Analysen gehen synthetisch vor; setzen zusammen, wozu ein gewisser Wille sie anhält. Der Analytiker – wie der Kritiker – malt das Weltbild eines synthetischen Auftraggebers; rekomponiert nach Wunsch. Komponist ist der Wunsch, das Denken Orchester. Die Analyse findet als Vorwand statt; sie selegiert nach fertigen Weisungen; setzt um oder durch, was vorausgesetzt wurde. Der Gedanke weiß „mit", was die Weisung will, und agiert entsprechend: gewissenhaft.

Kon-szienz, Ge-wissen ist mitentworfen, und der Prolekt übersetzt es in zerebrale Aktion. Die Erde als kosmischer Mittelpunkt ist physikalisch falsch, weil nicht Tatsache, theologisch hingegen zwingend, weil dort der Mensch wohnt – vom Faktorisch-Erotischen her die Hauptsache. Die klassische, kontralektuelle Physik dreht das um, erhebt die Tatsache zur Hauptsache und verkündet sodann die Konstanz der Naturgesetze („natura non facit saltus") als „Nachweis" kosmischer – nicht mehr: unendlicher – Substantialität. Gewissenhaft blanker Unsinn, gewissen-los sinnhaft, weil methodo-logisch. Das Gewisssen weiß „mit": Der Kosmos ist propterstantielles Vorkommnis, sprich verhältnismäßig zum Infiniten, das heißt, auch zum Faktum Mensch. Mit anderen Worten: Propterstantielle Normen sind notwendig relative zum infiniten Standard, diesem, nicht sich, verpflichtet, deshalb, in sich, nie sicher, weil endenwerdend. Ihr Ende, sprich Nichtbestand, fing schon an, und der Vorgang beschleunigt sich exponentiell, ist ihr allein Gewisses.

Im Gewissen kon-geriert Gott. Der Groll, gedanklich: die Autonomieidee, digeriert diese Kongestion und ersetzt sie durch Suggestionen. Es entwickelt sich eine Kontra-szienz, die, was gilt, nicht mehr mit-wissen will und die Verhältnisse umstellt. Das Analysesystem der ameropäischen Neuzeit folgt einem Grund-Degout, geht metathetisch vor und errichtet ein suggestives, kontraexternes Kosmos-Konstrukt. Der – monomane – Freiheitsbegriff fungiert als Trojanisches Pferd des Kontraesses und nötigt zum Eid auf sein Gegengewissen als Destruktionsprinzip. Der Argwohn gegen den Standard mutiert zum Wahn als Kammerdiener des Scheiternwollens. Der Schrecken als Obsession bricht aus; der „Wolf" in uns tut, was er tut, jetzt ganz unverhohlen, reinen Gewissens. Das Entsetzliche wird Gesetz und bindet den Kontralekt auf quasisakrale Weise. Das verwirrt selbst das prolektuelle Denken und suggeriert ihm die Logik kontraessierten Terrors. Abermals stellt sich heraus: Denken als Observateur, hier der Besessenheit, löst kein Problem; es ist selbst Problem, selbst besessen. Das gilt im Sonderwahn wie im Gemeinwahn. Massen- wie Einzelirrsinn entspringen der Suggestion, Kongestion sei Behinderung. Die Suggestion indes steht für Obsession; diese aber gedeiht im Un-Dank. Alles kann dem Besessenen suggeriert werden; und es ist Suggestion, Besessenheit für Fiktion zu halten, denn nach der Selbstmeldung des Unendlichen imitiert die Besessenheit den faktorischen Standard: Eigentümer des Faktums zu sein. Ein Dazwischen ist Illusion. Das Unendliche hat keinen Raum für Äquidistanz. Es kennt nur sein Eigentum; dem Besessenen weist es die Tür. Das Purgatorium ist kein Dazwischen – es reinigt das Eigentum Gottes, nicht Lucifers Leibstandarte.

Lüge geschah seit Eden; doch erst der Herweg der Wahrheit erhob sie zur Dominatrix internen Lebens, auf die zu schwören Gesetz ist. Der Deus absconditus zwang sie noch zum Inkognito. Mit Christi Geburt tritt auch sie dechiffriert auf; ihr „Obvent" imitiert den Advent des Unendlichen. Die Goldene Mitte ist obsolet, genauer gesagt: riskant, geworden. Es konkurrieren zwei Wirklichkeiten: die korreale der Hoch-Zeit „dann“ und die irreale der Nur-Zeit. Die Ambivalenzoption scheidet objektiv aus. Der Mensch hat Entscheidungswesen zu sein begonnen – pro Eigentum oder pro Obsession, denn die Faktor-Entscheidung zum Kreuz schließt faktische Nichtentschiedenheit logisch aus, Der Kosmopolit ist eo ipso Vasall des kontraessierten „Kosmarchen“, das Nichtinteresse am Kreuz automatisch Neinstimme, Votum pro Obsession.

Deren Normcharakter erklärt implizit, wieso sie zum Schein verschwindet. Sie tut dies in jenem Maß, in dem auch die Treue schwindet und nur noch Minderheiten nach Hoch-Zeit trachten. Das Dünken ist konstitutiv geworden; das Dänken macht öffentlich keinen Stich mehr. Die „Bevölkerung“ wählt das Volksinteresse – heilig zu werden – ab. Der Gemeinwahn hat keine Mühe mehr, zu regieren, auch keine, zum Massenmord aufzurufen, ja ihn zu segnen. Holo- und Pädokaust unterscheiden sich nur dem Grade, nicht der Funktion nach. Beide sind Resultate des Gegengewissens; beide fungieren als Instrumente des kontraessierten, nun judikativen, Terrors. Beide perpetuieren und variieren nämlich den Mord an Gott. Golgotha bleibt das Programm des Nichtinteresses am Hoch-Zeits-Mahl mit dem Infiniten.

So entspricht es der Logik, daß, wer dem „Wolf“ nicht abschwört, in seinem Dienst steht – auch dann, wenn er, brauchtumsweise, noch Christ heißt. Der Kampf gegen die Besessenheit fängt damit an, sie beim Namen zu nennen. Die Feigheit, es nicht zu tun, der irenistische Optimismus, die „Transpretation“ der Selbstmeldung Gottes – all das sind Spielarten des Gemeinwahns, Ergebenheitsvarianten perplexer Geiseln. Nur das zum Nennwert genommene und getragene Kreuz macht wirklich kritisch; kritisch auch gegen mich selbst als Geisel gläubigen Dünkens. Nur der Advent befreit vom Obvent der proletischen Torheit, sich souverän zu wähnen, vom Alb der Autonomiefiktion. Menschen-, weil Brautberuf ist der Appell an den Sohn, mich als Proprium anzunehmen, mich „PerSohn“ sein zu lassen. Mir zuzutrauen, ich wolle ihm, nicht der Lüge, trauen, sprich eingestehen, mein Ich sei nicht selbst etwas, sondern Schlachtfeld von Ja und Nein zum Lebenkönnen über den Tod hinaus. Zur Wahl stehen Proprium und Obsessum. Es gibt keine halbe Treue; Bigamie verrät.

Logik als Pietät. Staurologik

Mit Pietät als Gefühl hat das nichts zu tun, mit Logik als Synonym für Frömmigkeit alles. Anders gesagt: Die konsequenteste Form der Logik ist die Gerechtigkeit gegen Gottes Treue, ausgewiesen durch Christi Kreuz. Die Logik als Synonym für Frömmigkeit impliziert zudem psycho-logisch die Morbidität des Unfrommen. Andererseits gehört zur Logik der Treue Gottes die Chance des Untreuen zur Metanoia, wiederum freilich zur Logik der Ehre Gottes, Konsequenz der vertanen Chance sei Paranoia: Glaube als Glauben-„Müssen"; Treue, geseiht durch Veto. Die Chance zur Metanoia ist, der Treue wegen, Angebot infiniter diffusio sui, der Ehre wegen indes Infusion, sprich Gebot: der Norm, dem obsessiven Gemeinwahn zu widerstehen. Wird es gehalten, fungiert der Mensch als Gehilfe des Exorzismus. Ignoriert er es, ignoriert es ihn, und er wird nolens der Norm entrückt, ver-rückt. Die paranoische Sonderwelt tritt zu Tage; der Mensch wandert aus. Die supprimierte Mitwirklichkeit wird fiktive Eigenrealität; der Stupor des Katatonen kopiert „Damaskus" mit kontraessiertem Einschlag.

Das geschieht nicht mechanisch und nicht berechenbar, auch nicht in jedem Fall wahrnehmbar, denn es geschieht – oder nicht – nach der Freiheit des Faktors (nach Töpferwillkür, wie Paulus sagt). Diese Freiheit mißt jedem das Seine zu. Was aber dieses Seine sei, weiß nur sie, denn nur sie kennt ihr Faktum wirklich, weil der Gemeinwahn das Ich zerstückelt hat. So ist jede Paranoia ein Spezialereignis innerhalb einer Polarität von Nur-Ich und Nicht-mehr-Ich, von Megalo- und Mikromanie, der Paranoiker gleichermaßen der Herr der Welt und ihr Abschaum, Heiland und heilloser Wicht, Gefolgschaftspetent und Objekt von Verfolgung. Das alles trägt sich auch im gekreuzigten Christus zu; doch in ihm ist es kompatibel, weil er der Faktor ist und nicht aufhört. Im Faktum wird es zum katastrophischen Spaltzustand, es, das Faktum, werde denn, metanoisch, Christi. Anders bleibt es beim Irr-Sinn, beim Wolf im Wartestand, denn der Gemeinwahn ist Schuldergebnis, Produkt des Pakts mit dem Kontraesse; durch sich nicht heilbar, weil staurologisch tot. Der Logik des Herwegs entspricht, und vollendet sie, Kreuzeslogik. Das Kreuz ist die logische Zeitgestalt der Auferstehung zur Hoch-Zeit. Im – und am – Kreuz „finitiert“ sich das Infinite und qualifiziert das Finite zum Sterbenkönnen als Lebensollen. Hoffnung und Kreuz kongruieren.

Der Mensch ist vertikales Ereignis. Das an ihm Horizontale geschieht als Deswegenheit, hat und ist Zeug zum Kult. Kult indes impliziert externe Instanz; braucht Botschaft, nicht Information. Information ereignet sich waagrecht; sendet meist äquimiserable Signale und wird, weil banal, in der Regel nicht wirklich benötigt. Undeswegene Quantität ist quantité négligeable, nichtnuminose, sprich nichtfaszinose, Information qualité négligeable: Nichtqualität, weil keine Stellungnahme zum Tod. Daß, was beten kann, Staub werden soll, ist uneinleuchtend, außer es spielt eine Sache mit, die wissenschaftlich nicht interessiert: Schuld ohnegleichen. Daß Sünde und Tod korrelieren, weil ein ganz anderes Licht als das sichtbare Erstentwurf war, muß kultischem Bauplan niemand beweisen; er weiß es vom „Weiterdenken“. Die Absurdität des Sterbens belegt am besten, daß Gott Gott ist und daß, ihn zu ignorieren, tötet. Deshalb macht Nichtbotschaft, Information ohne „weiteres“, krank, und der Kranke flüchtet in die Fiktion, das Suppressum, die vergewaltigte Logik sei seine Einbildung. (Comtes Dreistadientheorie hat daraus ein Programm gemacht, sozusagen das Hypangelion des Kontralekts als „Atheodizee“. Daß dabei nicht gedacht, sondern stark geglaubt wurde, tut nicht nur nichts zur Sache; es bürgte eher für den Erfolg des Traktats.)

Das „Weitere“ ist nicht die Reichweite einer Person, die endet, sondern Gottes als Höchstperson, die den Tod durchkreuzt, indem sie sich Endenmüssendem zuwendet. Deswegenes steht für Hinweg zu diesem Herweg, für Ausweg aus bloßen Hinwegkulten, die zu nichts taugen, sondern Geschmackloses oder Tödliches sakralisieren. Das vertikale Ereignis Mensch ist das Telos Gottes, was logisch, weil theo-erotisch, einschließt, Telos des Menschen sei der adventliche Gott. Der Epiphanie des Immanuel wegen lebt er, und dessen Kreuzes wegen stirbt er, doch weder ab noch aus. Es ist nicht gerecht, wenn die Hoch-Zeit ausfällt. Der gekreuzigte Faktor – auch Hoch-Zeit-Faktor – restauriert die Gerechtigkeit, was, wieder logisch, bedingt, das Faktum lebe gerecht, sprich gekreuzigt, weil anders nichtvertikal, nicht es selbst. Das Unbehagen, ja Leiden am

„Horizont" als Unterstandard schließt aus, er sei Maßstab, und ein, es, das Leiden, sei selber Maßstab. Es geht um Stringenz. Ich kann nicht begrüßen, was Schaden stiftet, und abweisen, was vollendet, weil, was mir schadet, mir dazu riet. Das Kreuz ist kein Übel, sondern Arznei, Finitgestalt infiniten Trostes. Logik und Staurologik koinzidieren. Nur staurologisch denkt der Mensch logisch.

Die logische Arroganz. Chaos und Imperativ des genauen Gottes

Das ist Anmaßung; der Befund hat recht. Es ist die Art Arroganz mathematischer Richtigkeiten; die Art Arroganz des Retters, nicht wegzusehen; die Art Arroganz des Heiligen. Axiome entrüsten das Faktum Mensch, weil sie auch ohne seinen Applaus, a priori und eo ipso gelten. Der Unmut, nicht Schöpfer der Ordnung, nur ihr Empfänger, nur Adressat zu sein, gebiert ein von keinem Gewünschtes: Chaos, das opponierende Gähnen über die Profession der Verherrlichung des Gerechten. Seit Eden gähnt Adam in uns mit dem Kontraesse über die Zumutung namens Gott und seit Golgotha über die salvatorische Kränkung Christus. Es ist die Art Arroganz des Kreuzes, die nicht – nach Menschengeschmack – befriedet, sondern zum Hader reizt, der von Freiheit spricht, doch nach Rache dürstet.

Diese hat viele Namen. Der erste war, Gott sei Name; ein anderer, er sei tot; der vorläufig letzte, Herr sei das Volk. Doch die Sache hat eine Kehrseite. Der Mensch hat, wogegen er opponiert, zum Faktor. Daß er wurde, vereitelt einschlußweise auch seine Wut, geworden zu sein. Seine faktische Existenz fällt der Rache am Faktor von vorneherein in den Arm, denn Faktum ist, insoweit Abbild, einschlußweise ein faktoraffines Wesen und sinnt auf Rache gegen die Rache; erbost sich über das Chaos. So kommt es zur Doppelbehinderung: des Ordnungs-Faktors wie des chaotischen Nein, zum

Gleichgewicht zwischen dem Gotteshaß und der Angst vor dem Wirrwarr.

Dies führt zur Wahrscheinlichkeitskonzession an Gott, den ungenauen, mit eingeschlossener Ignoranz, was Gott nicht ist: ungenau. Gott ist das denkbar Genaueste, nein: das Genaueste überhaupt. Nicht nach Gedankenmustern, sondern als Eigen-Art, die sich diffundiert, sprich urhebt; den Etwas-Gott Mensch generiert, der bezeugen kann: Dieser ist es! Dieser, der Urheber Adams und Abrahams. Aller Gottesbedarf meint Diesen und Dessen Wort, den Immanuel. Es gibt keine logische Konkurrenz zum „Ichbin" und keine zum Wort am Kreuz, denn Wahrheit schließt ein, daß, was außer ihr steht, betrügt. Weil sich dies so verhält, verhält sich der Mensch zu Diesem und weiß um ein vorenthaltenes Dasein außerhalb Dessen selbst kontraessiertermaßen. Etwas – Der – fehlt dann immer. Oppositionsattribut ist die Melancholie ob des Nichtzureichens der Götzen diesseits der Selbstmeldung Christi. Logik und Arroganz korrelieren zu Ehre und Schutz des Heiligen und zum Trost der prolektuellen Wetter.

Ein bloß wahrscheinlicher Mensch wäre schrecklich; schlimmer: er könnte nicht sein. Ein bloß wahrscheinlicher Gott ist das Unwahrscheinlichste überhaupt – weit unter Mindestlogik. Nicht besser ein bloß vermuteter, sozusagen erschlossener. Wem hülfe die Unterstellung, es könne, was gilt, vielleicht nicht Fiktion sein? So gilt – oder es gilt nichts – der Imperativ des sich meldenden, kommunizierenden Gottes. Dieser ist notwendig exklusiv. Welchen anderen sollte er, könnte er inkludieren und wäre dann noch er selbst? Der unepiphäne Gott als Abs-tractum ist der gewisseste Nichtgott. Nur was Gott tut, ins Interne, ins Elend herein, hat Belang und verpflichtet den mehr als wahrscheinlichen Menschen mehr als wahrscheinlich, nämlich konkret, auf Heil hin. So entspringt und entspricht es dem Imperativ des sich meldenden Gottes, daß Logik und Christologik identisch, Denken und Eucharistie konzentrische Kreise sind.

Der Imperativ des Rückschritts

Da dies unbeschadet kontraessierter Empörung zutrifft, und weil Faktoraffinität besagt, der Mensch sei seiner Natur nach Christi oder entordnet, aus erster, gemeinter Art geschlagen, hat diese Gleichung, besser: ihr Bruch, konkrete psychische und soziale Folgen. Die im „Internen" - des Einzelnen wie der Einzelnen untereinander - versäumte Homonoia dringt auf Entsäumnis, auf Rückabwicklung des autonomieaffinen, chaotischen „Fortschritts". Geschichte ist un-gleichgültig, geschieht zum Leben oder zum Siechtum. Der Imperativ des sich meldenden Gottes verlangt den Rückschritt zum Infiniten, zum ex-internen Immanuel. Es herrscht eine ungewisse Gewißheit, das Wichtige werde verschwiegen; Seelen und Völker tragen das Stigma ihrer Vergeblichkeit.

Die entbehrte Arznei gleich Kreuz gleich Auferstehungsgewißheit birgt die Gefahr eines Enthusiasmus der Frustration. Das Geisttalent prostituiert sich Ersatzarzneien; das Unpopuläre kommt populistisch zu Ehren. Unpopulär ist die Frömmigkeit als Gerechtigkeit. Da jedoch echtermaßen Logik und Pietät kongruieren, andererseits die Kirche, weil, da verleumdet, unpopulär, populär zu werden gedachte, zum Pharmakon für die Vielen nur noch bedingt taugt, muß sie - wie alle - zusehen, wie das vertikale Ereignis Mensch sich vergeudet, horizontalen Ersätzen huldigt, Unbanales aus kontraessierter Hand frißt, Faszination beim Scharlatan kauft. Das Entsäumnis versäumter Metanoia geschieht paranoisch im Griff zur Fiktion. Es geschieht, weil Christus geschah, und es greift zur Fiktion, weil der Grolltradition Christus, Gott überhaupt, nicht schmeckt.

Dilemma und Schicksal

Einzel- und Volksseele folgen dem gleichen paranoischen Muster. Sie supprimieren, was gilt, und fingieren, es gelte dies oder das. Da indessen, was gilt, christo-logisch externer, das heißt, vom Internen her, vertikaler Natur ist, faktischer Unmut jedoch das faktorische Implikat des Externen verabscheut, andererseits, da Christi, nach Auswegen aus dem banalen Chaos trachtet, entfaltet sich ein Verhängnis. Ein Imperativimitat des sich meldenden Gottes, das obventliche Kontraesse, nötigt zur Faszination des Bösen.

Dem Gemeinwahn als Degradierung des Infiniten zur Einbildung widerfährt der faktoraffine Unmut residualer Treue. Das Erbe Erinnerung verwahrt sich gegen ein Dasein als Platitude, gegen das „linke“ Humanmodell quasianimalischen Zuschnitts. Die Erinnerung weiß vom bonum diffusivum sui. Zwar hindert sie faktische Renitenz, dieses Gut mit Christus in eins zu setzen; nicht zu verhindern vermag sie freilich, daß die Erinnerung danach lechzt. Sich bereithält für nichtfaktorisches, dennoch über-menschliches Fascinosum – das diabolische. Dem malum transfusivum sui gelingt es, das Vakuum zu befüllen.

Das Dilemma hat eine christo-logische - wenn auch nicht christliche - Wurzel. Der Mensch reicht dem Menschen nicht zu. Nicht dieser, der bloß finite, autonomiebesessene, todesangstunterjochte Flachkopf, der Verbraucher als vegetativer Zwerg. Es fehlt der Kultus des Exorbitanten, das jedoch, so die Gemeinwahnbedingung, nichtextern sein soll. Dieses Gemisch, das zudem, wie das Kreuz, zum Tode führt - also schon deshalb verlockt - , bietet das Kontraesse unter dem Markenzeichen Fascismus feil: mit Erfolg.

Ohne Befugnis, doch zwangsläufig, übt der Fascismus „Vergeltung“ an seiner Vorstufe Liberalismus; befehdet er, was ihn gebar. Es ist das Schicksal der zum Alleinwert verkehrten Freiheit, von zum Alleinwert verkehrter Ordnung bestraft zu werden. Schicksal geschieht, wo Treue nicht durchdringt. Das Schicksal ist ungerecht wie die Untreue, doch von der Treue her, die nicht durchdrang, gerecht. Dem Schicksal ist nur die Gnade gewachsen; doch diese ringt mit der Freiheit, die sie selbst urhob. Mit internen, mechanischen Maßstäben läßt sich das nicht begreifen, denn unendlichermaßen muß Christus, daß Schicksal geschieht, bedauern, kann es aber, der Ehre des Vaters wegen, nicht außer Kraft setzen. Was da, nach menschlicher Urteilskraft, „überwiegt", bleibt Mysterium, Vorrecht der Kreuzesohnmacht, die erst „dann" - parusial - zur Vollmacht mutiert, die niemand mehr außer Kraft setzt. Parusial kommt der „Echtfascismus" zum Tragen, das wirkliche, christliche, theo-erotische Fascinosum, die Hoch-Zeit, auch die des Urteils. Mysterium impliziert Purgatorium, dieses die Überfreiheit der Gnade, diese hinwiederum den Immanuel Christus. So unterstreicht der Fascismus die Christologik – nicht weil er zuträfe, sondern weil Christus zutrifft.

„Reinheit"

Der Imperativ des sich meldenden Gottes schließt ein, es melde sich Reinheit als jene Christi, was ihrer Art nach wiederum einschließt, sie sei Befehl. Gewiß ist das Reich der Himmel Frohbotschaft, doch imperative. Metanoeite heißt: Ändere dich, um zu dir, sprich zu Mir, zu kommen. Der Obvent kann die Reinheit als christliches Unikat verwerfen; ihrem Imperativ unterfällt auch er. Das erklärt das Doppelgesicht des Liberalismus. Das Nein zu Christus koinzidiert von Beginn an mit der Fiktion, die Welt ins Reine bringen zu müssen. Der Katharomane errichtet ein nichtmetanoisches Purgatorium. Getreu der christlichen Weisung, „säubert" er: freilich ungetreu, weil Usurpator, nicht Jünger Christi. Der Heilandkopist kopiert das Gericht des Heilands als Endlösung ex interno. Es gibt keine folgenlose Verneinung Christi. Größenwahn ist a priori die Einbildung, Gott zu sein und wie er – das heißt, wie mein Wahn, so müsse er sein – zu walten. Papisten, Aristokraten, Bürgerliche, Kulaken, Juden haben den paranoischen Parusialismus erfahren müssen.

Die Vulgarisierung des Infiniten schlägt im Augenblick ihres Entstehens in Mord um, in den Massenmord als sakrales Mandat zu Befreiung (linker, primärer Fascismus) oder Beordnung (rechter, sekundärer Fascismus). Die Weltbilder des Internen sind allemal kontralektgenährt; entsprechend bemühen sich alle Fascismen, Hölle zu antizipieren. Internum ist Prae-Infernum. Der Unterschied zwischen linkem und rechtem Fascismus liegt darin, daß linker die Treue bricht und rechter sie kontraessiert mißdeutet. Links kopiert Adam und weiß es und will es. Rechts kopiert Christus und weiß es und will es nicht. Links maßt sich an, Gott zu stürzen, Rechts, ihn zu rächen. Beider Mandat kommt vom Kontraesse. Das erste, der Zeit nach, erging an Links: das Heil zu lästern; das zweite, der List nach, an Rechts: es zu simulieren.

Monarchie oder Dämonarchie

Links wie Rechts wären nicht geschehen, jedenfalls nicht erupt, hätte das Best-Imitat des Reichs der Himmel en praxei, die Monarchie, nicht versagt. Jene, die zwar nicht Kirche war – und nie sein sollte -, doch nicht ausschloß, Kirche sei der interne Glücksfall, der sichtbare Bestzustand des Unendlichen und, sich ihr anzubequemen, kein Mißgriff, sondern soziale Großtat. Die Monarchie war ein fehlerhaftes Ereignis; die Nichtmonarchie ist ein Unglück, denn sie vergißt den Imperativ des Rückschritts zum Gültigen. War Christus Gottes Essai und gelang nicht, so der Monarch der mißlingenmüssende, aber der Ehren werte, Versuch, unter Nichtausschluß Christi die Dämonarchie zu verhüten, sie mindestens zu entgiften.

Daß es zur „glücklichen" Schuld des Kreuzes kam, heißt ja noch immer, daß es zur Schuld kam, zur krassesten überhaupt. Gewiß: Das Kreuz hat den Dämonarchen – von dem her, der es ertrug – zu Fall gebracht. Der Skandal des Kreuzes hält freilich an. Christus hätte nicht sterben dürfen. So war, daß er starb, Erlösung, weil

„Ostern“ folgte, doch um den Preis, daß der Tod davorsteht. Der Mensch steht nicht anders auf als Gott selbst: gekreuzigt, sterbend. Nicht anders als Gott erlebt er die Zeit als Qual und den Bösen als Dominator. Froh macht die Botschaft als hoch-zeitliche, das heißt, als „Information“ aus dem Jenseits, die mehr ist als Sichabhandenkommen oder Fiktion. Dem Hiersein-ist-herrlich droht sie.

Gesellschaftlicher Normalfall wäre, der Kränkung Gottes wegen, die Despotie, das größtmögliche Ungerechte, die Räuberbande. Die Wohltat der Monarchie liegt im gegenläufigen Anspruch, und an diesem muß sie gemessen werden: das viel Üblere als sie selbst nicht zuzulassen. Das Christsein blieb immerhin der Erwähnung wert. Es galt ein logisches Minimum: daß, was vorhanden ist, nicht schon recht hat. Das war, und ist, wenn das Kontraesse die Welt regiert, enorm.

Die Bekämpfung der - christlichen - Monarchie steht oberflächlich für eine Freiheit, die ihren Sinn erst finden muß, denn sie selbst ist keiner. Im Kern befehdete sie die Arché, den mystischen Grund und Anfang, die Gleichung Sinn - Heil. Das schiere Kratos, die attribuierte Macht, in wessen Besitz auch immer, ist dem, weil heillos, nicht ebenbürtig. Demokratie generiert, ihrer inneren Logik folgend, ein Oligopol von horizontalen Verheißungen, von Wohlstandsvisionen, die niemanden wirklich befriedigen. Die Trennung von Kirche und Staat unterschlägt die Gerechtigkeitspflicht des Staates, die einschließt, das Vertikale nicht zu entstaatlichen. Geschieht dies nämlich, verschwindet der Staat oder parodiert Kirche, und es entsteht die Vatikanisierung des Kontraesses. Das Volk kann nicht herrschen, weil es nicht heil ist. Zwingt man ihm Herrschaft auf, delegiert es sie elektional an Ratlose oder Betrüger, so oder so an seine Feinde, denn das am wenigsten Schlechte ist noch kein Gutes, die Freiheit vom Heil erst recht nicht.

Der Imperativ des sich meldenden Gottes schließt Heil als Gesellschaftsprodukt oder privates Problem kategorisch aus. Wer so denkt, läßt denken. Die ameropäische Freiheitsidee ist Auftragsstimmung, Hörigkeitsvariante. Ihr dianoetischer Ansatz verkürzt das Ereignis Mensch auf seinen Identitätsverlust kraft Untreue. Damit

Staat zu machen, ist unterlassene Hilfeleistung, Christus hätte gesagt: Terrorismus, Volksausbeutung im Kontraesse.

Der Mensch ist Viator, Weghafter Richtung Ziel, das nicht er ist. Wäre er es, dann wäre der Weg, sprich der Mensch, entbehrlich. Ist er aber Viator, gilt das für jeden und ist das Ziel sowohl ein externes als auch – staurologisch – jedermanns Ziel außer dessen, der niemandem wohlwill, weil jeder ja seinen Erzfeind Urheber abbildet.

Der logische Maßstab: Bereitsein

Entelechie ist ein und dieselbe, oder es gibt keine, was aber defizitlogisch nicht sein kann. Wäre der Mensch zufrieden, hätte der Himmel keine Bedeutung, weil er schon Standard wäre. Das ist aber nicht der Fall, so daß, wer vom Himmel redet, der Pflicht unterliegt, den Imperativ des sich meldenden Gottes nicht außer acht zu lassen, sprich Christ zu werden. Das empört nur den Dummstolz; der Dankbare, Logische weiß von nichts anderem, denn wenn wir annehmen müssen – weil Treue gleich Logik ist -, daß Gott Gott ist, fällt es nicht nur nicht schwer, dies zu glauben, sondern schließt ein, der Unglaube setze auf Suppression des Beneideten, Heiligen, auf Genossenschaft mit dem entgleisten Engel. Unglaube ist die Verschwörung gegen die Arroganz des Unendlichen, namentlich gegen die Zumutung seiner Konkretheit Christus. Dieses Verschworensein kann nicht fascistisch, sondern nur homöopathisch, das heißt: exorzistisch, behoben werden.

Das geht nicht gedanklich; der Unglaube denkt ja nicht, sondern dankt dem höherbegabten Komplizen. Solidarität mit dem Nein ist kein Disputandum, sondern Curandum. Un-Treue weicht keiner Kraft interner Abkunft; sie beugt sich allein der Macht des Kreuzes. Unglaube kann nicht besiegt, nur durchkreuzt werden. Intern ist kein Kraut gegen ihn gewachsen, weil Intern und Verrat konvergieren. Seine Stunde schlägt „dann“: wenn Internes aufhört.

Dies weiß aber nur der Glaube als Nichtinternum. Ja und Nein sind nicht kompatibel.

Gleichwohl hat der Unglaube Angst, die untere, widerlogische Art des Gewissens. Die Angst nimmt das Scheitern vorweg; tut also, gegen ihren Geschmack, etwas Logisches: unterliegt dem Gültigen, betet timorisch an. Der Un-Dank dankt sich selbst nicht. Sein Kennzeichen ist die Hysterie; zu kurz zu kommen, bedrückt ihn. Daß er nicht sein kann, zwingt ihn zur Habgier, die das Interne genießen möchte, obwohl es nur zum Gebrauch taugt. Der Kapitalismus, der staatliche wie der private, „verkopft" das akkumulierte Deswegene; setzt Horizontales für vertikale Haupt-Sache. Daß daraus Selbstblockade entsteht, liegt im Wesen des Kontraesses: Es hat nur Gegner, sich selbst nicht ausgenommen. Interesse koinzidiert mit Treue, Freiheit der autonomen Art mit Selbstmord, mißt man sie am versäumten Wichtigen. Entsäumnis geschieht als Dänk-Vorgang, den die Reue auslöst. Nicht zerebrale Kategorien setzen den Maßstab, sondern was gilt, hat theo-erotischen Rang. Der Rest hilft dem bei oder stirbt, weil, da falsch, auch nicht wirklich denkbar.

Internes hantiert mit Scheingedanken. Ob Gott Gott sei, ist logisch kein Denkprozeß, weil, daß er sei, zu denken, gerecht ist; es nicht zu denken, deshalb nicht denkt, sondern meint, es denke. Wer Gott weg-denkt, hat ausgedacht, ehe er anfing. Was bleibt, ist Als ob. Die wirkliche Welt ist die Treue, die wirkliche Zeit die Hoch-Zeit. Die „Welt" als Ad hoc kann nicht denken außer ad hoc; das heißt, sie glaubt oder hat verspielt. Das Gleichnis von den zehn Jungfrauen handelt in infiniter Diktion von der Welt überhaupt. Bereitsein – das „Öl" – ist alles; Nichtbereitsein wird nicht zur Kenntnis genommen. Es „ist" ja nicht: nicht bereit. Vom Unendlichen her „ist", was treu ist wie das Unendliche. Treulos erfährt sich ichlos; entfällt, war Irrtum Gottes.

Mythos und Mysterium

Die Nichtvermutung externer Wesen beruht auf dem kontraessierten Wunsch, das Vorkommnis Mensch zu isolieren. Möglich wurde sie freilich erst durch die christliche Richtigstellung – nach kontraessierter Lesart: Behauptung -, extern sei allein der Immanuel, sein Gegenspieler bloß Faktum, immanuelisch gesehen, machtlos. Die Befreiung von Alb und Elfe rührt also von der Selbstmeldung Gottes her, nach kontraessierter Deutung von Humbug. Daraus folgt, daß, wer Christus ablehnt, auch der Befreiung von Alb und Elfe nicht zustimmt, denn die Befreiung vom Mythos setzt das Mysterium, sprich: den divinen Advent, voraus. Wer diesen verwirft, unterwirft sich „Wotan". Wer meint, der Rationalismus löse das Mythosproblem, irrt, denn der Ratiobegriff der Neuzeit ist selbst ein Mythos, nämlich der, daß kein Gott sei. Es gibt nur die Wahl zwischen theogenem und anthropogenem Geheimnis; das „Klare" ist eo ipso falsch, kontralektgeboren. Klar war, adventlich, der Unfug der Hinwege zum Divin-Externen. Christus stand für die Dankexplosion des Entgängelten. Allerdings mit dem salvatorischen Junktim: Wahr war fortan die Information des Unendlichen. Diese indes geschah afformativ. Wahrheit war Rettungszustand, Ausstattung mit den Augen des Arztes: Darlehen. Aletheia ist, vom Faktum her, das Talent zum verschlüsselten Infiniten, der Schlüssel das Infinite selbst in Gestalt des Sohns. Die unendliche Information transformiert ihren Adressaten; Veritas kongruiert mit Christitas.

Wird dem Talent widersprochen; wird es auch nur ignoriert, wird Wahrheit Widerspruch in sich selbst, weil intern nicht passend und von der „Welt" auch so wahrgenommen. Die Wahrheit gleich Christus eignet sich nur für Christi Reich; sie trifft hoch-zeitlich zu und ist, zeitlich gebraucht, nicht nur Unsinn, sondern auch höchst riskant.

Den ameropäischen Wertekanon durchzieht der Unernst des supprimierten Junktims. Entsprechend inkohärent fällt seine Denkstruktur aus; preist, was ihr Ungeschmack abweist: Infinitspezifika. Gleichheit, Freiheit und Friede sind Ewigkeitsprivilegien, christliche Attribute, theonome Realitäten – unvereinbar mit Endenmüssen.

Ohne Treue, autonomiezentriert wird Botschaftswirklichkeit mißverstanden, als Recht begriffen, darauf zu pochen freilich Gefahr birgt. War nämlich Christus ein Geisteskranker, muß, wer ihm glaubt, damit rechnen, verrückt zu werden. Ist er aber der Sohn, und ich glaube ihm nicht, gilt das gleiche. Das Abendland hatte sich zu entscheiden. Folgte es Christus, dann galt, was verheißen wurde, versprochenermaßen und nicht intern. Folgte es ihm aber nicht, dann erledigten sich die Verheißungen – auch, und erst recht, in interner, vulgarisierter Form.

Maß am Himmel zu nehmen, schließt ein, es sei Christi Himmel, zu welchem Internes, zumal als Schuld, ad hoc existiert. Gleichzeitig Maß am Internen, sprich an der Schuld, zu nehmen, verspottet die Hoch-Zeit, sprich Christi Kreuz. Es entsteht der Ort, der nicht sein kann, der Utopos. Aus dem Divinprojekt wird kontraessierter Sprengstoff, aus Zeit Zeit-Bombe. Der Un-Ort ist Gegen-Ort, deshalb, weil nichtseinkönnender, Schein-Ort: Lüge. Es gibt keinen Antitopos zum Gültigen.

Die fausses idées claires imitieren die apodiktische Botschaft. „Wissenschaften" sind Parodien des fraglosen Infiniten; Voreingenommenheit zählt zu den Privilegien Gottes. Der Gerechte denkt, wie er ist: auf Distanz zu sich selbst als Erbe frühen Versagens. Sein Grundkalkül inkludiert seinen Stolz als konstanten Betrugsversuch namens Dummheit. Er weiß: Sein Wissen beschränkt sich darauf, daß Verwandlung not tut, zumal des Glaubens. Daß Glaube einschließt, ich traue dem Heiligen zu, mich zu salvieren, nicht mir, es zu kritisieren. Es ist die Dummheit, die hinter Christi Licht führt. Sie informiert nach Belieben dessen, der dieses Licht scheut. Keiner ist dumm geschaffen; das wird man aus Hochmut. Vor klaren falschen Ideen schützt nur die Skepsis der ersten Treue, die Selbstskepsis als Gerechtigkeit der Beobachtung. Wirklicher Empirismus nimmt wahr, daß Frageloses und Internes nicht kongruieren, apodiktische Aussagen also entweder Selbstaussagen der Wahrheit oder kontraessierte Lügen sind. Die Nichtignoranz des internen Zustands nötigt die Feststellung ab, „Hier" sei Inkarnation der Fraglichkeit. Das ameropäische Postulat der Vollkommenheit bildet ja keine Realität, nicht einmal Zukunft interner Art ab, sondern tradiert – und banalisiert -, wozu Hoffnung zeitlicher Provenienz sich nie aufschwänge: Heilserwartung. Der Optimismus ist die Verwesungsvariation der Christologie, der Fortschrittsglaube verpöbelte Auferstehungserwartung.

Veritorium

Die Identität Ameropas west ab. In der Aufklärung siegt die Verwandlung der Theologie in Libertätsfetischismus. Christologisch ist das natürlich Unsinn. Die Freiheit entfällt in dem Augenblick, in dem das Befreiende nicht mehr gilt: Christus befreit zu Christus – zu sonst nichts. Die Wahrheit ist Veritorium, nicht Territorium; Freiheit und Christsein sind also ein und derselbe Zustand: Liebenkönnen. Die Schnittstelle zum Veritorium heißt zeitlich Treue, hoch-zeitlich Auferstehung, interner Diktion nach Tod.

Ökonomie und Christonomie

Die Auferstehungserwartung erzeugt eine Spannung, die nur das Abendland kennt, denn nur sie integriert den Tod, weil nur sie, vom Mysterium alimentiert, auf Hoch-Zeit abhebt, sonst gar nicht möglich wäre. Die Hoch-Spannung imprägniert die Psyche in einem Maß, das kein Untermaß mehr toleriert. Die christliche Heilszuversicht ist nämlich zweierlei: rigoros und intern nicht erfüllbar.

Das barg von Anfang an die Gefahr der Nah-, ja Internerwartung. Zeit spielt für Gott zwar nicht keine, doch eine untergeordnete Rolle. Im Internum verhält es sich umgekehrt: Zeit spielt den Solopart. Andererseits sind – christliche – Hoffnung und Zeit nicht kompatibel, so daß, wenn das auffällt, der Furor ausbricht. Die Integration des Todes scheitert fortan am Anspruch des Grolls gegen Gott, er, der Groll, sei das Leben. Die Wahrheitswahrnehmung kommt in Versuchung, Ungeduld für Gewinn und deren Mehrheitlichkeit für Wahrheit zu halten. Die Dinge laden sich mystisch auf. Das überrascht das Finite und zwingt es zu einer Stromlinie außerhalb seines Bauplans: Wut statt Hoffnung entsteht. Zugleich nimmt das Risiko zu, daß die Hirten der Wahrheit zu deren Wölfen werden. Das Bischofsproblem bricht aus. Entweder Christus und Wahrheit sind eins, dann hat Jenseits vor Hier den Vorzug, oder Christus ist Zumutung, dann gebührt Hier, und sonst nichts, die Ehre.

Freilich, die Nichtunterschlagung der Empirie hat ihr Urteil gefällt: Heil und Intern sind Ungleichung. Weil der Glaube dies weiß, bleibt die Rangliste der Bedürfnisse unbeschädigt. Das vertikale Ereignis Mensch - die anima naturaliter christiana – ist im Himmel, sprich im Versprechen Christi, behaust. Ökonomie und Christonomie konvergieren, Optimum und Maximum divergieren. Der Groll wirft das um, und es gilt das Gegenteil: Ökonomie und Christonomie – sprich Stauronomie – divergieren, Optimum und Maximum konvergieren. Himmelfahrt sinkt zu Wohlfahrt ab, Reich zu Reichtum, Veritorium zu Territorium, höchstes Gut zur Summe von – knappen – Gütern.

Christliche Imprägnatur

Nie kann ein Quantum veritoriale Qualität, nie ein noch so extremes Maximum Optimum substituieren. Kein Gebrauchsartikel ersetzt den Genuß souveräner – unknapper – Hoch-Zeit. Der Mensch mag die christliche Imprägnatur verfluchen; er unterfällt ihr und schändet sich selbst, supprimiert er, was ihn hervorrief. Der Homo oeconomicus leidet ab ovo am Scheiternmüssen seines Petitums, Wohlstand sei heilsam. Zudem schließt die quantische Knappheit Krieg ein: maxima falsa et rara. Die Mystifizierung der Wirtschaft gebiert den Mythos, da walte Schicksal; in Wahrheit geschieht da Sünde. Ökonomie als Doktrin, der Stoff, das Deswegene sei „fruendum“, besorgt das Geschäft des Kontraesses. Selbstzweckwirtschaft ist eo ipso zwecklos, heilsunaffine Wohlfahrt systemimmanent ein Schaden, logisches Not-Crescendo, weil Horizontalisierung des Vertikalen, sprich widerlogisch.

Wohlfahrtsstaat und Uti-Prinzip

Wirtschaft im logisch-gerechten Sinn heißt Haushalten um der Treue willen, instrumentales Tun, Ad-hoc-Bemühung. Finale Ökonomie fälscht und enttäuscht von Beginn an. Nomos, Gesetz ist das Telos. Nur teleonomes Haushalten - uti - entspricht dem externen, „soterischen" Standard.

Der Wohlfahrtsstaat tut dies nicht. Er vergeht sich dabei nicht nur theoretisch, sondern verfehlt auch sein praktisches Ziel, die Wohlfahrt. Weil Wohlfahrt jedermanns eigenes, isoliertes Ziel ist, beflügelt sie programmatisch jedermanns Neid und Habgier und führt zur Verteilung nach dem Geschmack der Robustesten, also, da Heilssurrogat, zu wachsender, virtuell mörderischer, Verbissenheit. Am Ende steht die Laokoon-Situation. Jeder hat alles verloren: Heil und Wohlstand. Heil sowieso und Wohlstand des Umstands wegen, daß Güter, auch multipliziert - selbst „omnipliziert" - kein „Glück" bringen. Auch das teuerste Gut spendet nie Genuß. Deshalb gibt es auch kein ökonomisches Mittel, die Krise finaler Ökonomie zu lösen. Finale Ökonomie läuft automatisch als Krise ab: Das vermeintliche Beste wird zwangsläufig Schlechtestes. Dem Wohlstand als krisenhaftem Prozeß kommt nur der Rückschritt zum Uti-Prinzip bei. Wirklicher Luxus ist senkrecht.

„Ökologik“

Logik als Christologik ist Ökologik, Haushaltung aus Gerechtigkeit. Christonomisch bedeutet das Rangfolge: Christus, Substanz, zuerst, dann Kosmos, Deswegenes, Propterstanz. Wirtschaft drückt vorrangig aus, wie der Mensch seinen Hirten bewirtet; ob er, und wie, seinem Wirtseinsollen gerecht wird; ob er dankt oder lästert. Oikos, Haus, steht zunächst für das Haus im Himmel, an das der Logos erinnert. Dieses Haus soll - vor allem - in Ehren gehalten werden. Wie ich mit Christus umgehe, zählt, denn die erste Gerechtigkeit generiert jede andere, oder es gibt keine andere. Ökologie ohne Ökologik rührt von der Panik derer her, die nicht treu blieben und sich um Knappes sorgen, weil sie Genußverlust fürchten, obwohl nur die Treue genießbar ist, die sie brachen.

Der Nichtmord, die Einhaltung horizontaler Regeln, die „reinen Hände“ schlagen im Infiniten nicht durch. Sie reichen nicht zu, weil sie leer sind: unbewirtend, das Retterlich-Hirtliche ignorierend. Das Talent zum Dank ist von jedem empfangen, von vielen aber vergraben worden, der Vorwurf also nicht ungerecht, sondern logisch.

Wirtschaft ist mystische Sache

Das bedeutet: Wirtschaft hat mystische Wurzeln oder verdorrt. Zwar pneumatisch bedingt, doch ganz praktisch der Konsequenz nach. Jedem Kommerz zugrunde liegt der Commerce intime mit dem Infiniten. Fehlt dieser, fehlt auch das Recht auf internen Handel, weil er vergißt, daß er zuliefert, nicht zum Zweck taugt. Waagrecht ist immer Halbzeug Richtung Produkt gleich Paarsein mit dem Enormen. Niemand bestellt sein horizontales Haus erfolgreich, der nicht zuvor sein vertikales in Ordnung brachte. Wer nicht beten will, kann à la longue auch nicht wirtschaften, weil Substanz zuerst kommt.

Im Internen gelten ja zwei Begriffswelten, so daß, wer „arm“ sagt, „reich“ meint, und umgekehrt, denn die Hoch-Zeit ist anders verfaßt als die Zeit, die nur „propter“ vorkommt: Gottes oder des Bösen wegen. Der unendlich gemeinte Mensch lebt intern allemal in Armut, auch wenn er wirtschaftlich reich ist. Er entbehrt das nicht käufliche Infinite und neigt zum Tod, der dem anraint. Nach infinitem Verständnis ist so ein Mensch „selig“, sprich „reich“ an Gerechtigkeit veritorialer Art. Er „hat“, was sich lohnt, danach trachtend und weiß um die Dummheit, Anderes – Minderes – zu begehren.

Vom Imperativ der Selbstmeldung Gottes her ist das Volk Gemeinde von Bräuten, mönchische Zunft. Der nichtmonastische Mensch steht seit Adam diskreditiert da. Die Herrschsucht hat ihn entstellt, denn sein Merk-Mal war, abzubilden, wie Gott Gott dient. Christi Geburt demonstriert das Gewicht der Demut. Der Nichtmönch ist christo-logisch „unnützer Knecht“. Das weiß er auch und verehrt, und ernährt, seit alters her Mönche auch dort, wo sein Gott nicht herkommt.

Le moi haïssable und das demokratische Mißverständnis

Le moi haïssable haßt sich vor allem als Herrschenwollendes über den Sinn, denn nichts ist noologisch absurder als die Regentschaft der Sünde über das Heilige. Adam war Demokrat in dem Sinne, daß er den Herrn verabscheute, „Obrigkeit“, Autorität ignorierte. Weil das geschah, trat Obrigkeit ohne Heil ein, um ihn zu züchtigen. Erhebt sich der Mensch gegen diese, tradiert er die erste Sünde. Die Gerechtigkeit starb mit dieser, nicht mit Tyrannenwillkür. Die Volksherrschaft, die der Sohn meint, ist das Regime der Heiligen. Die Heiligen richten selbst Engel, heißt es. Heilige aber sind die Wirte Christi.

Hier liegt das Mißverständnis. Demokratie, historisch gesehen, hat keinen Vorzug vor anderen Experimenten, Gruppen halbwegs zu harmonisieren; eher den Nachteil, daß Wahrheit beliebig ausfällt, sprich abwest. Theologisch verstanden, ist Demokratie „volkliche" Theokratie; funktioniert also nur in Treue zu den Verheißungen, genauer gesagt: nicht endlich. Erst parusial wird Volk Gottesvolk sein. Selbstbestimmung bedingt meine Adhäsion zum mich Selbstenden oder ist Schlagwort gegen die Logik. Kongruiere ich mit dem Unendlichen, herrsche ich eo ipso. Nicht umsonst imitiert „die Linke" den Mönchstaat – in dem Res publica und Res Dei koinzidieren – samt Fremdzweckwirtschaft. Heilige Ordnung, Hier-arché verpflichtet sogar das Kontraesse. Weshalb sonst fasziniert uns der Kommunismus? Gesellschaft gesellt sich zum Wichtigen oder wird unwichtig, Beute von Mächten. Masse ist immer Verfügungsmasse übergeordneter Freiheit: Gottes oder der Götzen.

Freiheit

Der Hasser des moi haïssable ist Gott in mir, der epiphäne Immanuel als mein „Imbar". An meiner Statt findet Christus mich anstößig. Diese Stellvertretung will mich zur Hoch-Zeit tauglich machen. Zweifellos kollidiert das mit ameropäischem Freiheitsverständnis; doch Freiheit als Nichtkongruenz mit dem Infiniten ist schon die Freiheit des Kontraesses, die für eigene auszugeben dieses mich nötigt.

Ließe sich dieser Satz widerlegen, stünde, sonst fällt Ameropa. Wenn nämlich gilt, daß die Freiheit unendliche Qualität hat, eine vom Tod ist, dann gilt genauso, daß sie intern nicht vorkommt, außer das Infinite kommt selbst, und der Tod hört auf. Freiheit ist Auferstehenkönnen vom Tod; fehlt dieses Implikat, entfällt sie. Kongruenzimplikat indes ist das Internattribut des Unendlichen, sprich das Kreuz. Wenn nicht auf ihm – worauf sonst steht Europa? Die Antwort ist leicht: auf den Zusagen des gekreuzigten Infiniten.

Christi Verheißungen, Freiheit zumal, sind die Gasform des Flüssigkeitszustands „Abendland“ (und des Festzustands „Ameropa“). Gibt es aber das Junktim Freiheit – Kreuz, gilt auch die Gleichung Untreue – Unfreiheit, und die Verheißungen gelten nicht. Wer sie gleichwohl für sich reklamiert, täuscht sich über das Mögliche, lebt „als ob“; nimmt das Produkt wahr, den Produzenten nicht. Damit verstößt er gegen die Grundregel, daß, wer nicht dankt, das Empfangene schon verloren hat.

Schizophrenie

Die Autonomieidee wirft das Talent zum Kreuz vor die Säue. Das schafft das Problem überhaupt: den gespaltenen Menschen. Der Logik des Kreuzes entspricht, daß, wer es ignoriert, zu nichts frei wird als zum Verdacht, das Verheißene – das er verloren hat – sei ihm entwendet worden, was zu vergelten er für Mandat hält. Andererseits erkennt sein Gewissen die Nichtkongruenz mit dem Infiniten und schöpft den Gegenverdacht der Schuld – der Schuld schlechthin. Dieses doppelte Innesein führt zum Irresein als Geständnisersatz gefährdeter Identität. Das Ich wird zum Multi-Defekt-Ereignis mit wechselseitiger Torpedierung. Zum Generalsoupçon gegen Alles gesellt sich ein solcher gegen sich selbst, und beide behindern einander so vehement, daß vom Muster-Humanum nichts bleibt als die Trauer, es sei nicht durchgedrungen.

Größenwahn und Verfolgungswahn generieren zahllose nicht schematisierbare, „bilektuelle“ Variationen. Schizophrenie ist kein Morbus medizinisch erreichbarer oder gar heilbarer Art. Im Schizophrenen geschieht kein Schaden dem Grad nach, sondern Zerreißprobe, kein internes Malheur, sondern Ernstfall, Duell von Mächten. Der Gespaltene „sind“: Agenten und Resultate des Unmuts und der Zerknirschung. Der Glaubende „ist“ nur noch Christi und kann sich aushalten, weil Christus an seiner Statt lebt. Der Gespaltene „sind“, weil sein Trachten nur das Ergebnis und nicht den Geber wollte.

Beide düpieren interne Norm: der Glaubende als Gelingenkönnen gegen die Welt Empfangender, der Gespaltene als das stellvertretende Scheiternmüssen der Welt. Der Schizophrene ist exemplarischer Bruch des Gemeinwahns, Mittelmaß sei kein Frevel, sozusagen der amoklaufende Selbstmord ameropäischer Normalität.

Ist die Erlösung des Menschen durch Christus keine Fiktion, tritt, wo sie abgelehnt wird, christo-logisch Auflösung ein. Der Größenwahn „pluralisiert" nicht nur Individuen, sondern auch Völker als „Großpersonen": Mit der Einzelparanoia korrespondiert die Vermassung ehemals christlicher Nationalidentitäten. Auch vom Volk als Regent gilt: es „sind". Wie Christus, globalisiert auch das Kontraesse. Es ist der Zwang zur Kopie, der den Bösen decamoufliert. Dem Osterhasen gebührt ein Dank. Er wäre, ohne das Lamm, nicht denkbar; das heißt: er beweist es.

Die Auflösung therapiert nur Christi Erlösung und was ihr dient. Das ist vor allem das Kreuz als interne Figur infiniter Treue. Der Plural als Schadensfall genest am christlichen Singular oder verwest; Heilung setzt Heiland voraus, nicht eine Heilkunst derer, die selber Un-Heil tradieren.

Die theologische Wurzel der Schizophrenie

Gott, der erotische und der schreckliche, bietet sich dar – läßt sich essen – und fordert das gleiche vom Nichtgott Faktum. Zur Hoch-Zeit hat er den Menschen gemacht; dessen Nein macht die Zeit zur Un-Zeit. Im Sohn kulminiert das. Das Faktum hat keinen Zweifel: Existenz und Des-Faktors-Bedürfen sind ein und dieselbe Sache. Zugleich steht vom Groll her, geworden zu sein, fest: Das Bedürfnis nach Gott beleidigt wie Gott als solcher. Gewiß: Infinitkontakt ist das Wichtigste, doch er tangiert das „intakte" Nein zum Verdanktsein. Dieser Widerspruch senkrechten Ursprungs horizontalisiert sich als

Schizophrenie. Die Größenfiktion supprimiert des erotische Gegenüber. Was dann bleibt, ist der Argwohn, verfolgt zu werden.

Logisch ein Unsinn, idio-logisch zwingend. Ist nämlich christo-logisch der Kosmos Ad-hoc-Erzeugnis, der Groll aber Opponent, hat die Paranoia keine Wahl. Sie muß ihren Idiokosmos, mit sich als Zentrum, sprich Gott, fingieren. Idiologisch gelten nämlich die Gleichungen Gottesfeind – Menschenfeind und entsetzlicher Gott – schikanöser Mitmensch. Die Anoia des Gemeinwahns ist Norm auf Abruf, Frühgestalt der Paranoia. Als Krankheit eint das die Einzelnen und die Völker. Jene wie diese herrschen karikaturhaft und sind fiktive Nachstellungsopfer. „Alles“ verschwört sich gegen die Opposition als Erstverschwörung. Kontraesse schließt die Vermutung ein: Was ist, bekämpft mich. (Eigentlich geht der Verdacht nicht ganz fehl, doch er falsifixiert sich.) Es ist die Dummheit des Stolzes, die sich von Schmitt und Müller belauert wähnt und zurückschlägt oder sich umbringt. Eines steht immerhin fest: Wer vom Standard abrückt, ist „automatisch“ verrückt.

Besessenheit?

Die Frage taucht auf: Ist Paranoia gleich Besessenheit? Der Soupçon gegen Gott verneint das, denn das wirkliche Böse kennen wir nur von Gott her; es selbst vermummt sich. Christi Selbstmeldung impliziert ein reales Anti. Die Frage kann also nicht empirisch beantwortet werden – Erfahrung ist willfährig, folgt dem Geschmack davor -, sondern nur treu, das heißt, von der Botschaft her, die einer ißt oder ausspeit.

Ißt er sie, kennt er den Widersacher; speit er sie aus, ignoriert er, was ihn gefährdet. Bildet es sich gewissermaßen „aus“. Christologisch ist das Internum Beherdungszustand, das Kreuz Exorzismus schlechthin, Urfigur heilenden Banns. Erst das Kreuz macht im strengeren Sinn vernünftig; begabt zum Vernehmen dessen, worauf es ankommt, nicht dessen, was dem Gemeinwahn schmeichelt. Das Heilige bleibt trotz Ostern umstritten, genauer: seit Ostern erst recht. Die Sünde beharrt auf dem Kreuz als Mißerfolg einer Anmaßung.

Staurologisch ist es erstaunlich, wie Standard und dessen Wahrnehmung auseinanderklaffen; daß der Norm-Horizont als Nichtelend durchgeht, der Mensch als Senkrechtentwurf nicht massenhaft Selbstmord begeht oder Amok läuft. Dem Human-Kern des Paarigseins mit dem Infiniten entspricht die gemeinwahnhafte Behauptung, Internum sei Hochform, ja ganz und gar nicht. Gleichwohl droht kein Aufstand. Es muß also eine Tyrannei geben, gegen welche der Mut zur Wahrheit verdampft und in Schwermut umschlägt. Diesem lähmenden Zugriff entkommt auch die paranoische Eruption nicht. Der Sonderwahn stellt das Begriffsinventar des Gemeinwahns nur auf den Kopf. Im Resultat verschiebt er Kulissen; das Spiel Obsession bleibt das gleiche.

Prüfstand und Metanoia

Die empirische Evidenz internen Unfugs müßte, wenn Freiheit herrschte, zur Christologik, zur Nachfolge nötigen. Daß das ausbleibt, läßt darauf schließen, daß eine Probe mitspielt. Aus sich heraus reüssiert das Kontraesse gewiß nicht, doch als Funktion der Treueermittlung genießt es geliehenes Recht. Lucifer ist der Prüfstand. Der Größenwahn wiederholt die Versuchung Christi. Christus bestand die Probe, und christo-logisch besteht sie jeder, der an ihn glaubt, sprich gerecht ist. Richtigkeit und Gerechtigkeit kongruieren. Paranoia ist kein Schicksal, so wenig wie der Gemeinwahn. Zu beiden gibt es die Alternative: Metanoia.

Die Schwermut gehört zur Gerechtigkeit, denn sie kopiert den inneren Zustand dessen, der uns den Groll suggeriert, nicht Gott zu sein. Melancholie ist Halbzeug, chemisch gesagt: Ferment. Traurigkeit „wird“, verrückt oder gläubig, Paranoia oder Metanoia. Es irrt, wer banalen Frohsinn ernst nimmt. Unpaarsein mit dem Infiniten ist Trauersache: daß Himmel abwest.

Wein vor der Gärung

Den „Linken“ bekümmert, daß, was er schmäht, intern nicht vorkommt. Sein Weltbild verdankt er der Selbstmeldung Gottes. Was immer er postuliert, ist Christi Jenseits – bloß jetzt und hier. Das macht seine Traurigkeit lächerlich, ja gefährlich. Eden soll diesseits real, Utopia Topos interner Art werden.

Es gibt aber keinen Wein vor der Gärung. Dies auszublenden, ist die vulgäre Gemeinsamkeit von Islam und Aufklärung. Entrieten sie nicht der Logik, sähen sie: Der Imperativ der Selbstmeldung Gottes schließt aus, daß die Welt gerecht sei – Gott hätte sich sonst nicht melden müssen. Christi Geburt kritisiert das Internum als Defizitäres, als Nichtstandard, als Schadensfall überhaupt. Der Kopfstand stellt sich selbst auf die Füße. Der Arzt fungiert als geborener Feind der Krankheit, die stets behauptet, gesund sei sie. Es zählt zu den klarsten und mörderischsten Ideen, das Infinite sei Sublimat, sprich außerkosmisch verzichtbar. Verzichtbar ist das Geschaffene, greift es zur Anmaßung, Maß und Richtschnur zu sein.

Gift, nicht Arznei, sind beide, Islam und Aufklärung. Beide trachten intern nach dem, zu dem das Interne querliegt: Glück. Beide sakralisieren ein „Stück“ des Unendlichen, der Islam die divine Ordnung, die Aufklärung die divine Freiheit, und beide verhehlen, daß beides nur miteinander gilt. Das unterscheidet das Evangelium von allen Partes pro toto: daß weder Freiheit noch Ordnung zählen, sondern der Herweg beider, Christus.

Himmel geschieht metatopisch, ist metachronisches Veritorium, Heilland mal Treuland. Treue indes impliziert eine Nüchternheit, die vom Kreuz stammt: dem Internen nichttreu zu sein, es nicht heuristisch zu überfordern. Der Utopist will die Hölle taufen und wird, weil das scheitert, ihr Adjutant. Sein Trotz vereitelt die Wahrnehmung dessen, was dämono-logisch maximal sein kann: Linderung des Verkehrten. Gerecht wird die Welt eo ipso nicht, am wenigsten durch die Wut der Idioten Lucifers. Maximal heißt: Das Böse ist überlistbar. Man muß seine Widersprüche gegeneinander ausspielen. Die Klugheit erzeugt das Erträglichstmögliche, indem sie dem Unerträglichen Fremdnützigkeiten abzwingt, etwa den Ehrgeiz für das Gemeinwohl einspannt oder die Todesangst zur Hygiene nötigt.

Auf den Gemeinsinn des Kontraesses zu setzen, ist antilogisch; es hat nur eines gemein, das je Eigene. Gemeinwohl als Welt-Phänomen entsteht im Wettbewerb vieler Eigensüchte und setzt deren Ahnung voraus, ihr Eigenertrag überwiege nur auf dem Umweg über den Fremdnutzen. Es ist Herrscherkalkül und -pflicht, dies zu fördern, und Herrscherversagen, es zu versäumen. Nicht um der Habgier Einzelner willen geschieht das, sondern weil diese Habgier der Preis koinonalen Minimumstandards ist, seit der unendliche Plan Paradies mißlang. Den christlichen Kommunismus gebar kein Zwang; es war die gemeindliche Treue zum Infiniten, die zum Nichtgenuß des Finiten einlud. In dem Maß, in dem diese Treue schwand, verschwand auch das Recht auf gerechtes Teilen, weil Neid kein Recht hat. Kommuner Wohlstand - nach Eden - entstammt der Unwillkür seiner Produzenten.

Advent und Obvent

Zu mehr bedarf es divinen Herwegs, Advents. Aristoteles, unverdächtig der Frömmelei, sagt vom Geist, der komme „zur Türe herein“, und Platon, kein Jünger Christi, prognostiziert die Kreuzigung des Vollendeten, Infiniten. Herweg und Kreuz sind logische Widerfahrnisse. Schreiben die Europäer Fußnoten zu den beiden Griechen, und schrieben diese „Kopfnoten“ zum Advent und zum Kreuz der Wahrheit, dann ist nicht einzusehen, warum deren

Selbstmeldung außer Kurs kam, außer man unterschlägt den mitgemeldeten Widersacher; ignoriert, daß Advent Obvent hervorruft. Zur Logik des Kreuzes gehört sein Nichtaufhören, ehe die Zeit aufhört. Advent ist einschlußweise die Ankunft des Todes dessen, der den Advent erzwang.

Ostern geschieht dividiert durch Golgotha oder wirkt nicht. Erlösung schließt kreuzlose Lösungen aus, kongruiert mit der Nichtmacht des zu Erlösenden. Dem Schuldner fällt zu, er warte, botschaftlich ausgedrückt, er sei wachsam. Warten ist Parusieerwartung, die Allen-Ernstes-Spannung des – ebendeswegen – Heiligen. Der Obvent parodiert das. Warten steht auf dem kontraessierten Index. Das Falsche, doch Selbstmeldungsinfizierte, ist ungeduldig. Die Neuzeit hat, mit dem Sinn, die Geduld verloren. Da hilft nicht Ästhetik, nur Bitte.

Zunächst auch ins Blaue hinein. Der Immanuel hört jede Form von Ohnmacht, wenn sie sich nicht camoufliert. Wer nicht weiterweiß, weiß schon erheblich mehr als die Wissenden, und seine Not hat Gebetsrang. Hilflosigkeit, die nicht hart wird, ist die Geburt der Hoch-Zeit. Gottes Erbarmen bleibt „arbeitslos“ ohne geistlich Arme. Diese aber bereichert es durch die Eingemeindung ins Veritorium. Wessen Gott sich erbarmt, den lehrt er auch seine Sprache, das Bundesidiom, das nicht aufhört. Das pausenlose Gebet geht mit dem Jubel schwanger, der Gottes Architektur gilt. Dieser Jubel verhält sich zu Sinnesorganen wie der Hafen zum Kurs der Schiffe. Infinitsprache spricht nicht. Sie ist, indem sie nicht endet, ein Selbst, keiner Sorge Ausdruck. Das Bundesidiom imitiert, wie Gott zu Gott ist. Wer dessen inne wird, steht auf der anderen, wirklichen Seite; ist korreal geworden; nimmt Abschied vom Stolz und weiß um die Gnade des Exorzismus. Die Logik des Herwegs ist nämlich implizit eine exorzistische. Die Selbstmeldung Gottes, zum Nennwert genommen, spricht von der Welt als dem Landkreis Lucifers. Dem Menschen bleibt nur die Wahl zwischen Graden der Perversion, mißt man, was Welt generiert, am externen Standard. Interne Normen sind Varianten der gleichen Paranoia, des lebensgefährlichen Irrtums, Treue sei Torheit. Der Standpunkt ist dämonarchisch vorgegeben, Programm. Dies auszutreiben, wird Christus Mensch. Der Gesalbte argumentiert nicht, er kündigt das infinite Reich an. Allerdings nicht bedingungslos, sondern dem, der umkehrt. Nur die Metanoia Richtung Christus heilt; nur sie macht dem Geist die Türe auf.

Metanoia springt aus dem waagrechten Innen. Diesen Sprung aus der Zeit tun auch andere, doch sie wissen nicht, wo sie landen. Ein Mißmut über das Kontraesse, die Einsicht, da sei ein Joch – das allein genügt nicht: es bleibt „allein". Der Nirwanabegriff lebt von dem Trugschluß, Nichtwelt sei Mögliches ohne externen Beistand. Protest, für sich genommen, salviert nicht. Der Dämonarch kalkuliert ihn ein. Daß ich weiß, ich bin krank, schließt nicht ein, ich gesunde. Es ist ein Bestandteil des Größenwahns, sich selbst therapieren zu wollen. Kein „Katharer" springt über Lucifers Schatten, Buddha nicht ausgenommen. Es fehlt die adventaffine Gerechtigkeit.

Kult, Kultur, „Stultur"

Ohne Externvermutung schließt sich der Teufelskreis enger; ohne Treue multipliziert sich die Dämonarchie. Wer den Wolf nicht verjagt, ist Komplize, Hirte jedenfalls nicht. Steht Heilig für Senkrecht, gilt Kirche als Flugzeug und nur bedingt als Fahrzeug. Barmherzigkeit ist zunächst die Blickschärfung für das Unendliche, das nicht ich bin, für Nichtversäumnis des Kults. Der Hirte hütet die Artgerechtheit des Menschen, „senkrecht" zu existieren. Kult ist kein Luxusding, sondern Agendum, weil Wesensmerkmal des Faktums. Es gibt daher keinen Nichtkult, nur Kultentartung. Der „waagrechte" Mensch dient nicht weniger als der fromme, eher erst recht – als Werkzeug des Kontraesses.

Kultur ereignet sich als die Sichtbarwerdung des Frömmigkeitsimplikats der Logik. Sie verdinglicht die Treue zum Infiniten. Sie übt die Gerechtigkeit, nichtautonom zu sein; äußert, was eine Innen-Vernunft ihr aufträgt: Interesse am Heiligen. Kultur ist, als Veto gegen den Stolz, ein Akt der Klugheit. Umgekehrt gilt: Der Stolz ist, als Veto gegen den Kult, ein Akt der Dummheit, seine Kultur „Stultur".

Stultur steht für Gegenkult, für sakralisiertes Nein zum Erheblichen; für die Fiktion, Kultur unterjoche. Stultur verdinglicht das Kontraesse am Infiniten. Der Gegenkult „normalisiert" die Un-Treue. Ihre und seine Markenzeichen sind Gewalt und verkehrte Reue. Als Stolzderivat ist Stultur implizit terroristisch, als Schuldderivat eo ipso Selbsthaß.

Finitismus. Islam und Ameropa

„Geprägte Form, die lebend sich entwickelt" rührt vom Innesein trinitarischer Abkunft her. Den Menschen baut das Mysterium; der Advent offenbart es ihm, und das Kreuz restauriert ihn zur Hoch-Zeit. Der Opponent gegen Trinität und Kreuz wird zum Handlanger jener Mächte, die seine Form "zerstückeln". Der Himmel, die Herrlichkeit sind faktorischer Art und heben auf Paarsein des Menschen mit dem Unendlichen ab. Baut sich das Faktum selbst, baut es, nach Augustinus, „eine Ruine". Die Gnosis gebiert zwei divergierende, teleologisch jedoch konvergierende Oppositionssysteme: die Ordnungsparanoia namens Islam und den Freiheitswahn ameropäischer Neuzeit. Beide ruinieren den Menschen als anima naturaliter christiana, und beide gehen daran, seine „Stücke" zu ichloser Menge zusammenzukleben, zum Brei einer Bio-Humanität ohne Ursprung, zum Quasimenschen des Absprungs.

Entstehen soll eine anima diaboliter curva, die augustinische massa damnationis, das Stigma des Finitismus. Finitismus besagt zum einen die Lichtung des Ankers im Infiniten, zum anderen die Verankerung infiniten Gedächtnisses im Finiten. Das Endliche muß unendlich werden: durch Schreckliches oder das Schreckliche tolerierend. Islamisch wie westlich ereignet sich Zälifizierung als kryptokatholisches Phänomen, als Doppelnetzwerk destrukturellen Auftrags, als Zangengriff künstlicher Paradiese.

Glaube und Objektivität

Glaube ist Dimension sui generis, Prägungsergebnis als Gabe, Datum erheblichen Ursprungs und der erheblichsten Perspektive: paarig zu sein mit dem Faktor Gott. Der Glaubende tut dann nichts „Subjektives“, sondern die Sache an sich, ob welcher er generiert wurde. Er realisiert das Logische, Überreale. Allerdings nicht im Hinweg, der ja kein Glaube ist, sondern die schwach konturierte Mutmaßung, es empfehle sich Prophylaxe divinen Neides wegen. Das wäre ein kalkulatorischer Akt nach dem Muster Kult gegen Nichteinmischung. Solche doch eher apotropäische Spielart der Religion bleibt dem mythischen Argwohn – der „Eden“ tradiert – verpflichtet, Gott sei tremender Spielverderber, sozusagen olympischer Terrorist.

Glaube als Datum verhält sich zu diesem – im Wortsinn elenden – Firlefanz wie das Flugzeug zum Ochsenkarren. Der Glaubende rüstet zur Hoch-Zeit, die im Kernbereich ohne Zeit auskommt, sie nur als Zeug dorthin einsetzt und dann entläßt. Er stimmt daher keinem Umstand zu, den sein Urteil – was wäre das? – billigt, sondern er west als anders nicht Könnender an, weil Selbstand mit Glauben in eins fällt. Nicht „an“ diesen Stand (der kein Umstand ist) denkt der Glaube; sondern aus ihm „heraus“, kraft dessen trägt er sich zu, erfüllt er datorischen Standard, geteilt durch Geschöpflichkeit. Der Glaube implementiert infinites Gen.

Diese Umsetzung impliziert das Entgegenhalten dessen, was gilt, also zeitlos zutrifft, dem gegenüber, das, weil finit, sprich: Subjekt der Zeit (als Ad hoc), nicht zutrifft, sondern am geltenden Infiniten vorbeigeht. Anders gesagt: Das Datum Glaube, der Welt entgegengehalten, deckt sich mit Objektivität. Welt, als Subjekt der Zeit, geschieht subjektiv; unterschiebt, was, weil nicht-infinit, logisch nicht gelten kann. Welt ist, weil nicht-entelechisch, Vermutungszustand, weil zudem enden müssend, Soupçonereignis, Organisationsgestalt kompensatorischen Argwohns. Weltlogik kongruiert mit der Kriminologik dessen, der dem, was ihn möglich machte, nicht treu blieb. Subjektivität ist Schulduntertanin. Schuldimplizit nimmt sie wahr, was zur Tat paßt, und ignoriert, was die Tat kritisiert: das Objektive, den Vorwurf, so sei kein Leben. Die Meinungen dieser Schuld-Welt sind, weil Gültigkeitsunterdrückungen, automatisch Fiktionen: objektiv gar nicht möglich und, eben deshalb, nicht objektiv.

Welt-Norm muß urteilen, wie sie ist: subjektiv, als Einwand gegen den infiniten Einwand, sie sei, da kopflos, nicht zulässig. Welt ist die Nichtselbstkritik des Trotzes gegen das Heilige, Objektive; der Aufruhr der Krankheit gegen die Heilungszumutung, die sie Komplott nennt - un-inne seiend, ihr Kopflossein camoufliere Oktroi.

Der Welteinwand ignoriert ja nicht nur den generatorischen Standard, sondern auch jenen Widerspruch, der die Zeit-Welt in seinen Dienst stellt. Die kopflose Welt trägt ein Widerhaupt; ereignet sich transkapitiert; ist Gefolge. Dessen nämlich, den nur der Glaube durchschaut, der ihn und die Welt seiner Objektion aussetzt, Gottesdienst zu verweigern - das, was über der Welt „objektiv" gilt. Subjektivität ist auch Welt: des Todes.

Finites und Objektives sind der Naturdifferenz nach Ungleichung, denn was endet, begann: durch Voraussetzung. Deshalb birgt es das Risiko, opponieren zu wollen; ist also objektiv ungeeignet, gemeinverbindlich zu gelten. Das trifft auf jede Maxime zu, die, wie auch immer, anfing und schließt Mythen und Religionen nicht aus, deren Rückbindungsqualität, deutungsbedingt, das Vergessene - oder Verratene - bestenfalls als Wahrscheinlichkeit reproduziert, eher freilich als Resultat des Irrenwollens. Denn wenn Vergessen deliktisch geschah, schließt dies ein, das Delikt wirkt selbst dann noch fort, wenn Reue ins Spiel kommt, weil niemand weiß, wie rein oder delinquenzkyberniert diese ausfällt, so daß Religionen zwar bittgebärdlichen Wert besitzen, zur Wahrheit als objektivem Ereignis aber nicht taugen. Was sie ausdrücken, ist ein Wille zur Rückbindung, der, wenn das ehedem Supprimierte keine Fiktion war, kein Weg sein kann, weil die Nicht-Fiktion „Lethe" besagt, da sei Kränkung supremen Seins geschehen, die den Kränkenden irreversibel beschädigte, ihn auf Delikt verkürzte.

Der Ungleichung zwischen Finitem und Objektivem entspricht das Problem der Wahrheit, nicht wahrgenommen zu werden, weil Logik, als anderes Wort für Glauben, ein ethisches Ding, eine Frage der

Treue ist. Geschmack und Ungeschmack lassen nicht mit sich reden. So obliegt, oder unterbleibt, das Entvergessen dem, das vergessen wurde. Das heißt: Aletheia kann nur „kommen“, Advent werden, oder der Erstwahn, das subjektive Vermutungsdelikt, Infinites sei Humbug, perpetuiert sich, gleichgültig, ob, was da kommt, Beifall findet. Es zählt der Herweg. Kann es den geben – und wer entscheidet das: er oder Neigungen? -, können die Hinwege keinen Stich mehr machen, und das Problem – oder Ziel – des Zeit-Subjekts Welt heißt Christus.

Problem, weil der Trotz nicht abnimmt; Ziel, weil das Objektive nicht nur ein Einwand, sondern der Geist ist, aus dem wir „wir“ werden und ob dessen es sich erst lohnt, zu existieren. Außerhalb dessen geschieht nichts Wesentliches; menschliche Autonomie west im Grunde ab. Unter dem Standard Christus kommt eine Norm zum Vorschein, die objektiv besser schwiege, weil sie den Tod im Programm hat: Christi zuerst, dann Aller.

Christi – des Christen – Beruf ist die Liebe, das subjektiv Skandalöse, ja selbst objektiv (ehrlichermaßen) immer noch Zweifelhafte, nur „christjektiv“ nicht Verdächtige. Nur in dem Maß, in dem Christus Maß wird, vollzieht sich die Wende, der Sprung des Objektiven ins „Törichte“, und wird Kreuz, also Ostern, zentrales Thema.

Der christliche Einwand, die Fundamentalobjektion des Advents, betrifft die Nichtliebe im Internum Welt. Damit macht er sich lächerlich, denn Liebe und Norm, sprich Tod, disgruieren seit dem Moment des Abfalls; daran ändert die Eigenbau-Rückbindung mythischen Zuschnitts grundsätzlich nichts. Der Subjektivist – als Selbstgott – kennt außer sich und dem Wir des Totems schuldimmanent nur Feinde (das Wir persifliert wohl die Trinität). Es liegt im System der Paranoia, nichthomonoisch, zwieträchtig, agonal zu sein. Eintracht ist Privileg des externen Gottes und derer, die seine Epiphanie zum Nennwert nehmen, den metanoischen „Rückschritt“ wagen. Solchen leuchtet sogar das Gebot der Feindesliebe ein, weil sie vom Kreuz her, engrammatisch, gewahr sind, wie Gott zu Gott steht. Ihr Ge-Denken reicht in den Binnenraum des Unendlichen, das einen Feind nicht kennt. Das Eintrachtsprivileg schließt also ein, daß nur standardmäßig, „in“ Gott, kein Krieg herrscht. Es gilt das unendliche, christliche Junktim Friede – Nichtzeit. „Zuvor" bleibt Eintracht Petitum. Einigkeit ist Dreieinigkeit oder Utopie.

Christus ist im Finitbereich Nichtoptimist. Des Gesalbten, des Herwegs, des Kreuzes hätte es nicht bedurft, wäre Anlaß gewesen, der Welt Selbstheilung zuzutrauen. Epiphanie entspringt und entspricht jedoch dem Befund, Internum sei Euphemismus für Dämonarchie. Gewiß hat das Kreuz den Dämonarchen und seinen Vorarbeiter, den Tod, entmachtet; doch das gilt christjektiv, für Metanoiker. „Objektiv" bleibt es beim Reich des Bösen, „subjektiv" allemal. Solange der Wahn nicht erlischt, Gott sei Wahn und Advent Fiktion einer Nichtvernunft, dominiert, subjektivistisch verpackt, das Gesetz des Nein als jedermanns Freiheit vom Standard. Advent und Kreuz sind Fermente. Der Imperativ des Kreuzes verlangt, es werde getragen. Wo das ausbleibt, bleibt das Imperium mali Tatsache durch Unterlassen.

Solange die Zeit, sprich das Recht auf Verkehrtheit, nicht aufhört, schließen Himmel und Welt einander aus. Gleichwohl: Das Internum wird noch gebraucht – als Gärkeller. Weltstand ist Prüfstand. Christi Gespräch mit Nikodemus enthält den Zentralsatz christjektiver, zugespitzt: „kruzjektiver", Ontologie: daß nämlich standardmäßig nur der in Ordnung komme, der „von neuem geboren werde". Der Dämonarchie entrinnt nur die Wette auf den Ineinsfall von Kreuz und Realität. Nicht ästhetisch verstanden, sondern wortwörtlich. Vom Kreuz kann nur profitieren, wer sich ihm übereignet. Wer es sich aneignet, um mit dem Tod zu feilschen, gehört christjektiv nicht dazu. Christus ist Package Deal. Der Preis für die Auferstehung heißt Kreuz, und das führt – selbst für Gott – zum Tod. Zum Tod des Todes, gewiß, doch zuvor, und damit, zu meinem. Ehe mein Enden stirbt, sterbe ich. Auferstehung ereignet sich jenseits des Todes oder geschieht zum Schaden schlechthin: zur Nichtverwandlung in Standardleben. Dessen Schwerpunkt kann nicht die Norm des Todes sein, die der Groll hervorrief, Faktum, nicht Faktor zu sein.

Package Deal impliziert den Imperativ der Nichtherausnahme nach Geschmack. Die Höhle, aus der ich gerettet werde, bleibt Ort des Nachteils, den nicht verlassen zu wollen nicht nur absurd ist, sondern den Argwohn nährt, da sei Gubernanz im Spiel. Steht nämlich

Dasein für Ausschau nach gültigem Leben, begreift nur ein Kontraesse das Pochen auf „dieses" Leben. Tagesordnung logischen Daseins müßte der Wunsch nach dem Tod sein, und nur der Eifer, diese zentrale Vernünftigkeit zu tradieren, dürfte ihn unterdrücken wollen. Angst vor dem Tod hat der Paranoiker: der, dem der Tod zum Gericht wird, weil er die Hoch-Zeit ausschlug; der Spießbürger dämonarchischen Weltbehagens; der Einnister in den Vorräumen des Erheblichen, weil das Erheblichere als er ihn ärgert.

Die Logik des Herwegs gestattet keine Verbindlichkeit als die Rückbindung an den Logos Christus. Wer sie versäumt, versäumt „sich". Der Banale ist Auftragsmaler des Subrealen alias Dasein im Sinne des Diesseits von Eden. Dieses Diesseits entstand aus Mißbrauch; der Brauch haust jenseits: jenseits der Nistplätze masturbatorischen Nichtpaarseins mit dem Heiligen; jenseits der Norm verdummten Stolzes. Das Nichtgebet als Konsum des Waagrechten unterfällt dem Vorwurf der Selbstschändung, also der angetasteten Würde Gottes als Urheber dieses Selbst. Zufriedenheit mit dem Hier ist mit der Schuld zufrieden, unentwürflich zu existieren. Sie kreuzigt, im Kleinformat, abermals Gottes Liebe. Der „Durchschnitt" verstetigt Golgotha; nicht einmal Utopien erlaubt er. Es gibt keine Daseins-Berechtigung. Christjektiv gilt der Satz: Existenz ist transitorischer Posten. Buddha hat das gewußt, und die Heiligen wissen es christjektiv um so besser. Menschsein ist Mönchsein oder Entgleisung.

Das hat nichts mit Rigorismus zu tun, sondern mit der Verknüpfung von Logik und Empirie; speziell mit der Ehrlichkeit, das Erfahrbare nicht zu selektieren. Empirie ist weit mehr als ein Hut auf dem Kopf, nämlich, zunächst, das Erzwiderfahrnis eben jener Entgleisung der Nichtmönchheit. Dies zu verhehlen, weist auf Besatzungsmacht hin. Der Nichtmönch als Optimist bringt das Ganzopfer seiner Urteilskraft; er glaubt gebrochenen Beins, er sei Hochspringer. Hier trat Fortschritt ein – der Verblendung. Dasein von Rang ist Dortseinwollen, wo Enden nicht-ist: in christjektiver Verfassung. Diese hat in der Welt keinen „Platz", wie der Nichtmönch ihn fordert, sondern ereignet sich anrufungsweise, veritorial, nicht territorial. Ist es schon nicht gerecht, einen Sachverhalt waagrechter Qualität zu verschweigen, so dreimal nicht, einen – den – Heilsverhalt vertikaler Natur. Es stimmt auch nicht, daß soziale Belange Gleichrang mit dem Gebet hätten; sondern christjektiv verhält es sich so, daß horizontales Elend ja nur entstand, und besteht, weil die vertikale Gebärde Als-ob-Farbe annahm und Jenseits – das Supra Christi – nicht mehr Hauptsache ist, sondern zur Ansichtssache verkümmerte.

Der faktische, jedenfalls praktische, Atheismus eines auf Alltagsbewältigung reduzierten Christseins löst kein Problem: kein fundamentales, weil Absenker des zentralen Punkts, und erst recht kein soziales, weil das Soziale ja vom zentralen Ja oder Nein zu Gott, zu Christus, herrührt und von ihm abhängt. Gerechtigkeit fängt mit Gerechtigkeit gegen Gott an; diese aber schließt aus, Gott sei Über-Onkel nach folkloristischem Gusto, höflicher: Kants heuristische Fiktion – die gefunden zu haben meinende Einbildung. Von hier ist der Weg nicht weit zu Nietzsches „höherem Schwindel".

Es ist Unlogik, eher schon Lüge, zu meinen, was – wie die Langeweile umkehrschlüssig beweist – hauptbedürfnishaft vorkommt, könne sich jemand einbilden. Es gibt keine Einbildung des Unendlichen, weil die Zeit, wenn sie Hauptsache wäre, ein Nichtzeitbild nicht entwerfen könnte. Stünde der Mensch, weil so entworfen, nicht über der Zeit, stünde ihm, wie dem Tier, nur die Todes-Angst zu, nicht auch die Todes-Sehnsucht als Lust am Transit. Es ist dieser Unter-, weil Übergangswille, der ihn zum Lehrer der Zeit, zum „Chronagogen" berechtigt – und auch verpflichtet. Ist er nämlich das Wesen ad infinitum, dann ist die Zeit ad hoc, sprich ad hominem: Menschvehikel zur theo-erotischen Hoch-Zeit, christjektiv Basileia, das Reich der Himmel, „Planzustand".

Ob dieser Planung geschahen Advent und Kreuz, und ihres Un-Endes wegen begehrt der Mensch nichts so sehr wie Advent und Kreuz – auch dann noch, wenn kontraessierte Absicht sie ihm verleidet hat, und auch dann schon, wenn er Advent und Kreuz noch nicht „kennt". Subjektiv ist er noch Hindu oder Buddhist, objektiv schon Verzweifelter, christjektiv Christi auf Zu- und Abruf.

Objektivität ist der interne Versuch der Normierung subjektiver Beliebigkeiten, hervorgerufen durch das Vermutungs- oder Gewissenssubstrat, da sei, vielleicht, Unbeliebiges, das auf Form dringt. Keine

Über-Macht, die sich durchsetzt, sondern Zwingendes seiner – nicht „der“ – Natur nach. Beim Versuch wird es bleiben müssen, denn die Objektivitätsqualität der entstehenden Normen kommt über Mehrheiten nicht hinaus; universell gilt keine. Zum anderen rührt ihre Apodiktik nicht von externen Vorgaben her, sondern ergibt sich aus lang Tradiertem oder aus abgeschüttelten Traditionen oder auch, wie in Europa, aus miniaturisierten Anleihen bei – vorgeblich oder wirklich – externen Verheißungsquellen. Im strengen Sinn kann also nicht von Objektivität die Rede sein – global gab und gibt es stets mehrere, was zu der Wesenheit „des“ Objektiven nicht passen will -, sondern eher von „Großsubjektivitäten“, die wandelbar sind und einander zudem durchmischen.

Daß etwa ein und dasselbe Recht für alle gelte, entspringt nicht per se verpflichtender Logik, sondern dem Gleichheitsgrundsatz als Vulgarisat des christlichen Satzes, da sei kein Ansehen der Person vor Gott, und konkurriert mit dem Ungleichheitsgrundsatz des Suum cuique. Ähnlich verhält es sich mit dem Recht auf Leben, dem das Vae-victis-Prinzip gegenübersteht. Auch das One Man One Vote ist nicht selbstverständlich. Auch hier kollidiert ein Egalitätsbegriff ursprünglich über-natürlicher Abkunft mit elitären, aristokratischen Weltbildern.

Nicht anders die Freiheitsidee. Auch sie bezieht ihre Nahrung aus Christi auf „Welt“ reduziertem Diktum, es sei die Wahrheit (sprich Christus), die – von der Welt! – befreie. Platon empört sich nicht über Sklaven; selbst Paulus sieht den Skandal in der Welt schlechthin und hält sich beim Teilaspekt Sklaverei nicht auf. Von Christus gar nicht zu reden. Ganz unaufgeregt spricht er von Herren und Knechten, von „guten“ Herren und von „getreuen“ Knechten.

Christliches gilt im Blick auf die Ewigkeit oder nicht, jedenfalls nicht in Weltsachen. Wer den Messias nicht ernst nimmt, hat keinen Anlaß, schon gar kein Recht, ihn als Sozialpädagogen ins Spiel zu bringen. Nimmt er ihn aber ernst, dann erst recht nicht – es gibt keine Fundstelle. Es gibt, im Gegenteil, Christi Wort, er sei nicht als Erbschlichter in die Welt gekommen, vielmehr, sie von solcherlei Kleinkram zu erlösen.

Anders gesagt: Der abendländischen, ameropäischen Objektivität fehlt die Befugnis zum Weltkompaß so oder so: objektiv, weil utopisch; christjektiv, weil nicht christo-logisch. Christliches war nur der Vorwand zur Umsetzung der – ganz widerchristlichen – Vorstellung, Maß aller Dinge habe der Mensch zu sein. Der Trick verfängt nach wie vor, beweist aber nebenbei den Primat des Christlichen. Noch als Mogelpackung hat es die Wirkung einer so nie gekannten Droge.

Das zeigt: Das Unendliche, „kommt" es, kann zwar gekreuzigt werden, doch es durchkreuzt alle Kreuzigungen: auf Golgotha und in Europa. Es gibt kein Welt-Objektives, denn Endendes kann, daß es ende, zwar kritisieren, doch nicht beenden. Was fehlt, ist die Selbstkritik, die es – schuldinhärent – verweigert, so daß, was das Logischste wäre – Metanoia – ausbleibt. Solange, was vor der Welt war, sprich: aus sich selbst ist, nicht herkommt und sie, am Kreuz, sowohl kritisiert als auch zur Selbstkritik, sprich: zur Treue, freimacht, leidet internes Denken an kontraessierten Vorgaben, an der zentralen zumal: dem Nichteinschluß infiniten, faktorischen Vorrangs; nicht weniger freilich daran, daß niemand das Wie, das „Programm" des Unendlichen kennt. So gilt vor Christi Advent tatsächlich der Satz „Ich weiß, daß ich nichts weiß"; das heißt, für Höchstobjektivität steht das Eingeständnis, anders als subjektiv gar nicht sein zu können.

Christus entpflichtet den Agnostizismus, delegitimiert ihn jedoch zugleich. Zudem: Das adventliche Infinite diskreditiert auch interne Modelle des Gnostizismus, die christjektiv nicht mehr möglich sind. Erkennenkönnen wurde in Bethlehem zum Importartikel, noch mehr: zum christlich-soterischen Monopol. Parallele Erkenntnis gibt es seitdem nicht mehr: agnostische nicht, weil christjektiv Widerspruch in sich selbst, und gnostische nicht, weil Epiphanieplagiate und -surrogate.

Dem Christlichen fällt die Stephanusrolle zu: überlegen, christjektiv arrogant zu sein und der Wut der Betroffenen nicht zu grollen, auch wenn dem, der empfangen hat, die Nichtentrüstung über das Kontraesse – und dessen Dummheit – nicht leichtfällt. Dummheit beschreibt keinen Mangel an Ausstattung, sondern den Hochmut, sie nicht zur Kenntnis zu nehmen. Paranoia, Wahn ist kein

Schicksalsschlag, sondern die Leugnung meines Talents zur Homonoia mit dem faktorischen Infiniten. Wer das Unendliche „falschnimmt", nimmt alles andere sowieso falsch. Das Nein zum Gewordensein hat zwei Möglichkeiten, phänomenal zu werden: Es igelt sich ein oder bläht sich auf; implodiert zum Gemeinwahn alias Selbstbornierung, landläufig Dummheit genannt, oder es explodiert zum Spezialwahn, Maß aller Dinge zu sein.

Trotzgeboren, Irr-Weg ist beides. Größenwahn und Verdummung unterscheiden sich nur im Endlichen, dem Ergebnis nach. Im Direktverhältnis von Faktor zu Faktum läßt sich das Frühere – Henne? Ei? – nicht bestimmen. Zeitlich verstanden, wird es der Hochmut sein, der freilich zeitlos Dummheit schon impliziert: Der Stolz beschränkt sich im Augenblick seines Soseins auf jenes Minimum, das vom Rückgebundenen bleibt, verweigert er sein Nur-Verbundensein-Können, und diese Nichtmehrgänze heißt Dummheit als Dienstverhältnis zum Kontraesse außermenschlicher Provenienz.

„Subjektiv" am Gemein- wie Spezialwahn ist beider Profanität: der Auszug aus dem Mysterium, weil ein Argwohn – ein arger Wahn – es falschnimmt, ihm mißgönnt, daß es heilig ist. Die Sofortbornierung bewirkt, daß der Wahn sich im Regelfall als vulgäres Schmollen (Horazens „profanum vulgus") ausdrückt, als stumpfer und weitgehend stummer Einspruch gegen divinen Anspruch. Der Triviale, sogar der Depp, und der Linksintellektuelle sind Zwillingsbrüder – man weiß nur nicht so genau, wer zuerst kam. Ihre Schnittstelle ist das Taedium über das Wichtige.

Das heißt nicht, daß Dummheit nicht wahnhaft wäre; sie ist aber Norm, Normalfall geworden, sozusagen die Volksform der Ablehnung des Unendlichen, von der abzurücken das Volk verrückt nennt. Wahnsinnig ist, wessen Falschnehmung von der gängigen Art der Borniertheit abweicht. Paranoia im psychiatrischen Sinn, zumindest in Ameropa, liegt also vor, wenn die Gewohn(t)heit des Durchschnittsirrsinns, die „Paranoia generalis", verletzt wird. Der Größenwahn tut dies, indem er den Schmollbereich hinter sich läßt, offen Verehrung, mindestens aber speziellen Respekt, beansprucht und, wo der ausbleibt, Verfolgung, Nachstellung arg-wähnt, die zu vergelten sein Recht sei. Der Paranoiker grollt dem Divinen; es ist der Erzfeind. Allerdings einer, den er zugleich ignoriert, so daß seinem Groll keine andere Wahl bleibt, als sich zu falsifixieren: auf den Nachbarn, den Arzt, den Staat. Paranoia behauptet ihre Alleingeltung. Nur sie verkörpere Richtigkeit, Objektives; nur sie sei zur Objektion berufen, ach was: genötigt. Daß da, malgré le poète, eine Nachfolgehaltung durchscheint, kann kaum geleugnet werden. Ob Christi oder des Antichristen, mag offen bleiben, doch deutet einiges auf eine doppelte Imitatio hin: Christi der apostolischen „Arroganz" wegen, des Dämons ob der dem Paranoiker typischen Panik, bedrängt, exorziert zu werden. Was sonst wäre schizophren?

Dies alles entbehrt nicht einer gewissen - perversen - Stringenz. Das Abbild Faktum kann das faktorische Urbild kopieren wollen; es rührt ja von größter Art her: von der dreieinigen. Als Abbild freilich koinzidiert es nicht mit dem Urbild, sondern verdankt sich diesem. Bedingung der Faktizität ist der Dank, Faktum daher ein Soseinsollen. Dies, nicht die Größe schlechthin, unterscheidet Kreator und Kreatur. Deren Größe war Anbetung gleich Frohlocken, nicht Raisonnement, wieso. Da nun das Sollen nicht Sein wurde, endete auch das Abbildsein. Das Da-Sein begann und, mit ihm, der Tod. Leben „neben" dem Nous ist eo ipso Para-noia, reparaturbedürftig. Das Nein zum Ansich verneint, sprich heilt, sich nicht selbst. Die Option auf Dank muß von neuem - von außen - geboren, der Tod außer Kraft gesetzt, das Sollenkönnen restituiert, Homonoia wieder möglich werden. Das kann Paranoia, Todes Schwester, nicht leisten. Das tut, wenn er will, Gott selbst. Nur er ist nicht er und sonst nichts, denn nur er ist „er" als Familienstandard, als Treue par excellence.

Zur Logik des Herwegs gehört, Unendliches sei dreieinig und Nichtdreieiniges un-unendlich, also Fiktion des Endlichen, das nicht treu war. Die Gottesbegriffe des Un-Danks haben statistischen Wert; von der Bedingung der Faktizität, vom Dank her taugen sie, wie der Tod, zu nichts, weil unreiner Logik entsprungen. Ungleich dem trinitarischen, sind sie Nicht-Necesse, Hirnresultate, Vorgaben eines Desinteresses am Gültigen, Camouflage des Mißmuts. Die Gottes-„Idee" afformiert das Erhebliche endenmüssenden, gleich verkehrten, Maßstäben - am Geheimnis, am Wirklichen, Souveränen geht sie vorbei. Das Mysterium hat keine Kategorien als diese eine: die Selbstmeldung Gottes, Christi Advent und Kreuz. Diese

Selbstmeldung kulminiert in der Information, zwischen Gott und Gott, „en famille", sei Agon ein Nichtbrauch. „Das" Leben kennt keinen struggle for life.

Ort des Schalom ist das Heilige, das nicht anfing und nichtanfangen nur kann, weil es Familie, mischpocha, ist, der nichts gebricht. Nur das Dreieine hat keine Sehnsucht, denn alle Sehnsucht betrifft den dreieinen Untod. Es gibt keinen Frieden als „zwischen" Solchen, die Frieden halten, so daß der Friede und der dreieine Gott einander logisch bedingen. Wäre Gott Einer und nicht auch Zwei, entfiele die Friedensperson, die Geist heißt. Der einpersonale Gott stünde für Un-Frieden mit sich selbst als defizitärem Vorkommnis, das, genau genommen – vor Gott -, nicht vorkommen könnte. Harmonie und Nur-Ich widersprächen einander genauso wie Zwei, die nicht Eins sind. Zwei plus Unendlich ist Drei gleich Heilig. Wo es kein Zwischen gibt, „ist", weil un-gegeben, das Nichts, sprich Nicht-Gott, Intrinität. Standardstruktur ist Familienstandard: Vor-Bild und Infinit-Ahn geschöpflicher Koinonia. Engel und Menschen multiplizieren trinitarische „Omniplizität".

Der mesotheische Friede hat keine Qualität, er ist sie, und zwar persongestaltig: nicht attributiv, sondern selbstsubstantiell. Der dritte Gott ist konzentrisch mit ihrer Zweier e-normer Treue, welche kein schierer Zwischen-Raum sein kann, nicht Eigenschaft eines Anderen, sondern Eigen-Sein. Heiliger Geist ist, geometrisch begriffen, Unsinn, theometrisch indes nicht nur Sinn schlechthin, sondern auch Wurzel faktischer Existenz. Sein Hervorgang aus Gott schließt den Hervorgang des Jubels ein, daß Gott Gott ist, nein: daß er „sind" – dreieinig. Dieser Jubel heißt nach divinem Plan Mensch, „begeisterte" Kreatur. Ad hoc wurde Adam; ad hoc geschah Christi Advent, und wieder ad hoc kam Pfingsten. Die Plan-Kreatur ereignet sich spiritürlich; wo nicht, mutiert sie, nach Theo-logik, zur Damnatur.

Paranoia und Metanoia entsprechen einander auf spiegelverkehrte Weise. Beide stehen in Opposition zur Dummheit, der Wahn aber eher scheinbar, der Glaube wirklich. Der Wahn hat recht, wenn er meint, der Mensch als Quasi-Tier unterschreite sein Seinkönnen; unrecht hat er mit der Behauptung, sein Seinkönnen sei allein

„sein“ Können. Der Glaube vertritt den Anspruch Gottes in dem, der treu blieb. Auch die Metanoia hat der Dummheit voraus, sie sei näher am menschlichen Bauplan; sie hat aber auch dem Wahn voraus, sie verleugne den Architekten nicht. „Normal“ ist weder der Wahn noch der Glaube, Standard aber nur dieser. Nichtdummheit kann nur er beanspruchen, denn die un-unendliche Zeit genügt nur Dementen. Dumm im Sinne dieser Bescheidenheit ist auch der paranoische Mensch: Seinem Groll behagt ja die Trennung vom Sinn, der „zur Türe hereinkommt“. Die Nichtvermutung, Ende sei architektonisch Unsinn, ist ebenso unlogisch wie die Nichtvermutung des Architekten. Gewiß hat das Ende Hausrecht; doch dies verlieh ihm das Desinteresse des Neides, so daß sich die Eklatanz des Kosmos als Bauvorhaben mit jener der Destrukturierung vermengt hat. Jedes Leben lebt als Beweis für die Einigkeit Gottes mit Gott; jedes Sterben beweist die Notwendigkeit des Advents zu Todes Nachteil. Der Tod ist die Bumerangform der Untreue, sein Ende die golgothanische Form der Treue.

Die Schnittstelle heißt nicht Wissen, sondern das Ja zu Christus, der es für mich weiß, wenn ich als Spiritur geschehe. Das Ja tilgt die Hypothek des Irrtums, analytisches Denken sei menschliche Höchstausstattung; es ist, gemessen am Mönch, die Minderbegabung des Einspruchs gegen das Heilige, sozusagen die eitlere Form der Dummheit, forschen zu wollen, um schlau zu werden. Die Schläue ermittelt das Wie des Löwen aus seiner Kralle; lernt daraus, daß sie töricht ist, und vervielfacht ihre Bemühungen, weil der Stolz ihr dies vorgibt. Kategorien begreifen das Richtige ihrer Art nach nicht, denn sie klagen es implizit an. Die Kategorie fungiert als Verteidigerin ihrer delinquenten Mandantin Mißgunst. Ihre Brillanz verfehlt die Sujets der Klage bei weitem: unangemessene Existenz durch Beschränkung auf Kleinigkeiten und Nichtumkehr trotz Advent. Ankläger sind die Propheten und Heiligen, denn ihr Gewicht ist größer als jenes der waagrechten Informationen zum Schutz vor Botschaft. Die Fußspur des Infiniten, Kosmos genannt, schließt nicht das Recht ein, sie vor das Bild zu setzen, das Mensch heißt; doch selbst das Bild taugt nicht viel, weil es abfiel. So bleibt als Erkenntnisquelle der Herweg des Vor-Bilds selbst. Sie, oder ihn, oder es nicht wahrzunehmen, spricht nicht für Mündigkeit; der paranoische Ignorant begeht Selbstmord auf Raten.

Zudem drangsaliert er. Wer wider bessere Evidenz sein Ego zum Zentrum der Welt proklamiert, steht nicht nur quer zur Sache, er nötigt auch seinen Nächsten, ja terrorisiert ihn. Fremde Paranoia zu ertragen, verlangt, um des Nichtkriegs willen, divine Geduld - die intern kaum vorkommt -, oder sie zwingt zur Mimikry: Der Nichtverrückte macht sich, um sich vor ihm zu schützen, den Wahn zu eigen - eine im Grunde infernalische Situation, weil ohne reale Alternative (der Exorzismus wäre die superreale, aber nicht jedem zuhandene). Die adaptive Paranoia spaltet ihr Opfer nicht minder als die primäre ihren Hervorbringer, denn fingieren kann man den Wahn nicht wirklich, jedenfalls nicht auf Dauer. Man muß ihn dulden oder ihm „beitreten". Zur Duldung bedarf es dreieinen Beistands; der Beitritt gefährdet den psychischen Kern. So bleibt es bei dem Versuch, ihn als Kreuz zu tragen; anders läßt er sich nicht durchkreuzen. Psychiater ist Gottes Geist. Der Mensch überhebt sich mit dieser Rolle. Als Dummer der dummen Natur nach, weil ihm auch Glaube für Wahn gilt; der Größenwahn sowieso und erst recht; doch auch der Gläubige als Viator hat kein Mandat zum Heilen außer dem mittelbaren der Fürbitte. Die Erzsünde hängt auch ihm noch im Kleid. Sie, die den Tapfersten unter das Joch des Zeitgeists knüppelt, zumal seiner Kernaussage, es gelte Menschenmaß, und der Rest sei Wahn. Jeder ist von der Logik abgerückt und zum Beliebigen - wessen? - übergelaufen. Keiner hat eine Richtschnur, Krummes geradezumachen, weil niemand Da-Sein und Sein unterscheidet, wie das nur der kann, der ohne weiteres „er" ist.

Das Goldene Zeitalter aller Mythen drückt in Chiffren aus, was gemeint ist: Zeit war am Anfang Kostbarkeit, doch nicht ihretwegen, sondern als Akzessorium, vorschüssig, akzidentell gen Hoch-Zeit der Symbionten Faktor und Faktum. Als Lehen deutet sie weg von sich in Richtung Lehnsherrn; den Lehnsmann erinnert sie an die Lehnspflicht: das Geliehene zweckbestimmt ein- und umzusetzen, seine Absichtsgestalt zu implementieren, heilsamen, chronagogischen Umgang mit ihm zu pflegen.

Zeit ist noch immer - und jederzeit - die Option des Unendlichen auf die uneingeschränkte Reichweite seines Reiches. Das dämonische Nein limitiert diese Geltung, indem es den Glauben - reichsökonomisch: den Treueid - zum Spleen verniedlicht, das heißt, erniedrigt, was, imperial gesehen, Selbstwert über der Zeit hat. Glaube ist Nichtakzessorium, weil der Hervorbringung dessen, der glaubt, kongenial. Nichts steht ebenbürtig neben dem Infiniten, ausgenommen die uneingeschränkte Treue. Nur sie geschieht nichtbefleckt. Maria, die schrankenlose Empfängerin Gottes, verhält sich zur Summe möglicher, faktischer Hochform wie die Algebra als Disziplin zu einzelnen Gleichungen. Glaube ist Universal-Ding, res rerum, Niederlassung des Infiniten, Wurzel und Dachbegriff gültiger Existenz. Erst seine Nichtunterscheidung vom „Religiösen" trug dazu bei, ihn als Eigenschaft falschzunehmen und zu verdrängen: Treue hat keine Ursache; sie ist die Ursache überhaupt. Nicht Ding unter Dingen, sondern Bedingung jeglichen Dingseins. Nicht Mögliches, sondern Ermöglichung; das der Natur nach absolut Frühere, das Menschen und Zeit generiert. Wer glaubt, raint da an und „hat", was „ist": Allmacht. Einen Berg zu versetzen, ist das geringste seiner Talente, weil materieller Art. Im Glauben ereignet sich „Fraterielles" mit dem Unendlichen.

Fraterie ist die Faktorstruktur der materia facta, sozusagen die hergeneigte Gestalt des pateriellen, verborgenen Prius Gott, die generatorische Logik des unzugänglichen Lichts. Gewordenes Licht wäre Nichtlicht, schiene in ihm nicht das seiende, das nicht wurde. Physisches Licht ist Leihlicht, „verlangsamtes" hyperphysisches Leuchten. Die Lichtgeschwindigkeit im Quadrat mal Masse – gleich Etwas gewordenes Nichts – löst das Werk aus, das Energie heißt und Geisthauch faksimiliert. „Im Quadrat" verschlüsselt eine Geschwindigkeit, die es real nicht „gibt", die als Datum jedoch sowohl die Schleunigkeit, sprich: die „Innigkeit", mesotheischer Treue nachstellt als auch den Jubel darüber kreiert, der Mensch heißt.

Daß die Nahtstellen zwischen Da-Sein und Seinkönnen sein können, aber nicht da sind, gleichwohl als sein Könnende not tun, damit, was „da" ist, nicht untergeschwind wird, sprich aufhört, läßt sich zwar raum-zeitlich nicht belegen, doch mathematisch-„nezessitativ" postulieren. Der Hereinschritt des Infiniten als qualitativer Akt ist axiomatischen, nichtmateriellen Ursprungs. Eine Ursache hat er nicht; er gibt sie aber dazu, und es „gibt" sie. Im Unendlichen, das kein Was ist, sondern die Etwasse aus dem Wie seiner Treue (zu sich) holt, koinzidiert, was gewordenermaßen komplementär, ja konträr auftritt: Zeit und Raum als geetwaste Infinitqualitäten. Zeit „wäre“ im Infiniten dessen Intensität, das Zufriedensein mit sich selbst als Dreieinigkeit, Raum deren Extensität gen Creandum. Im Endlichen gilt daher analog die Einheit von Zeit und Raum: Dieser ist deren Ausmaß, jene dessen Geschehenkönnen. Die Masse ergibt sich als quantische Äquivalenz zum So sehr, zum Tantum fraterieller, dreieiner Typizität: zum Hervorgang unendlichen Geistes. Dessen Wirken chiffriert sich im kosmischen Feld als energetischer Vorgang.

Raum-Zeit, Masse und Lichtgeschwindigkeit kongruieren im Trinitarisch-Endlosen, disgruieren also nur endlich, was aber keinen Schaden stiftet, da es sich retrograd zuträgt, ad infinitum läuft, das heißt: ab-läuft. Endliches ist, vom unendlichen Standard her, zwar möglich, doch mit der Maßgabe, es fungiere als „Stadium“ Richtung Verendlosung, als Repatriierungsszene. Hyperphysisch, sprich erbschaftsmäßig, sind Zeit und Raum Sehnsüchte, Desideria, endensollende, deshalb auch endenwollende, Mittel zum Endloszweck, Fundament geschöpflicher Treue - endlich: des Glaubens - gewesen zu sein. Dies schließt finite Konstanz nicht aus, doch ein, sie gehorche der infiniten. Die Zeit als geetwaste Infinitqualität mag deren Intensität nicht wirklich missen, weshalb ihre Schleunigkeit exponentiell zunimmt, bis sie als Quantität aufhört, sich retroqualifiziert.

Finites erscheint, gemessen an seiner Abkunft, kalyptisch. Daraus folgt imperativisch seine Apokalypse. Raum-Zeit, Masse und Lichtgeschwindigkeit enthüllen sich mit erfülltem Mandat, was raumzeitlich ihr Verschwinden bedeutet, frateriell ihren Heimweg. „Zuvor“ - infinit gesagt: logisch - muß Krisis eintreten: Scheidung von Treue und Unterlassung, von Gemäßheit und Anmaßung. Das Unendliche mißt, was es urhebt, am Endloszweck hyperchronischer Hoch-Zeit und hyperphysischer, „neuer“ Erde, die theo-logisch mit „Himmel“ in eins fallen. Dieses kritische Tun ist Gericht: keine Willkür, sondern die Aufrechterhaltung unendlichen Standards. Dieser war dem Finiten nicht ungeläufig, sondern im Frateriell-Infiniten proto-apokalyptisch geworden. Die fraterielle, die hergeneigte Gestalt des pateriellen, verborgenen Prius entbarg sich ja nicht gerüchtweise, sondern so, daß Fraterie finit wurde, Fleisch annahm, paradigmatisch lebte, starb und sich, auferstanden, verendlost, sozusagen glorialiter, herzeigte. Das unzugängliche Licht war - in Christus - da, und die Eschata werden kommen, weil sie, vom Endloszweck her, nichtkommen gar nicht können.

Wenn ein immaterielles Wesen den Kosmos mit Lichtgeschwindigkeit hoch x durchquerte und, gerechnet in C-hoch-x-Zeit, nach, sagen wir, dreieinhalb Stunden zu seinem Ausgangspunkt y, etwa München, zurückkehrte, wären in München inzwischen, zum Beispiel, neunhundert Jahre vergangen. Täte, mutatis mutandis, das gleiche Gott mit Divin-„Geschwindigkeit", träte – divinermaßen – der Fall ein, daß er, in Welt-Zeit, „früher" wieder nach München käme, als er es hinter sich gelassen hätte, möglicherweise sogar so früh, daß die Welt noch gar nicht begonnen hätte, von Zeit, sprich: von Tempus mundi, also noch keine Rede sein, höchstens daran – von wem? – gedacht werden könnte. Die Divin-Schleunigkeit hätte die Zeit, als Geschehentlichkeit der Welt, nicht nur überholt, sondern ihrer erst gar nicht bedurft; sie, ehe sie wurde, überflüssig gemacht – es sei denn, das Tempus mundi wäre benötigt, ad hoc intendiert worden, seine Verhältnismäßigkeit also Mandat, nämlich „intensives", das heißt: ein Vorhaben transtemporaler Art und faktorischer Qualität, im Resultat Faktum. Was dann vorläge, wäre „Schwundschleunigkeit" als Spezifikum relativer Natur, Propterstanz substantieller Willkür wegen, Schwundstufe infiniter Fülle.

Diese Deswegenheit kosmischer Phänomene konstituiert ihre doppelte Relativität: des Produkts als Gefäß kreatorischer Willkür und des Prüfstands, auf den das Nichtprodukt Spiritur, gleich Mensch, gestellt wird. Kreator und spiritürliche Kreatur sind die Fixpunkte kosmischen Seinsollens und Verschwindenwerdens. Gefäß schließt Schmuck und Gebrauchsgerät ein, Prüfstand den Hinweis auf beider Nachrang, gemessen am Produzenten. Der Zeit-Raum bewegt sich beziehentlich zum Verhältnis von Faktor und Spiritur. Er tut dies jedoch, weil selbst weder Faktor noch Spiritur, eingeschränkt, sinnbildlich und bedingt. Eingeschränkt, weil beschränkten Mandats, sprich endlich; sinnbildlich, weil nicht Selbstsinn; bedingt, weil vorausgesetzt.

Diese dreifache Schwundform erschließt sich nicht aus dem Zeit-Raum selbst, sondern ergibt sich aus seinem Relat-Sein, sprich der Tendenz – weil Volenz -, sich zurückzuwenden. Das Daß der Relativität gebietet die Annahme unbedingten Necesses des Absoluten, verbietet jedoch die Annahme, der Zeit-Raum könne zur Deutung des Absoluten beitragen. Das Propter ist ein Indiz für das Prae; es erklärt es nicht, erklärt nicht einmal sich selbst. Erklären, sich selbst zumal, kann nur das Ens, das Unbedingt-Absolute, und es tut dies nicht propterstantiell, sondern substantiell, nicht nominal, sondern numinos, durch Wink, „entjektiv" gültig. Kosmische Objektivität bleibt, da „deswegene", unzureichend; sie ist nolens Krücke, hängt an Vermutungen. Das Numen sendet Signale, Signa, die sich des Raums und der Zeit bedienen. Ihr Adressat ist die Spiritur, ihr Sujet die Hoch-Zeit, der nicht mehr relat gedehnte, bedingte Raum, sondern die Raum-Bedingung.

Das Spirituelle der Spiritur entsteht nicht, entwickelt sich auch nicht aus Propterstantiellem, das nur dem Grad nach evolutorisch sein kann – sonst wäre es ja nicht relativ, was aber feststeht -, sondern besteht vor-raum-zeitlich vom Geist her und steht zu ihm oder widersteht ihm, weshalb die Geschwindigkeit der Geschichte ambivalent ausfällt. Die Geschichte des Kosmos ist eine andere, propterstantiell bedingt langsamere, „längere" als die Geschichte der Relation zwischen Faktor und Spiritur, deren Schleunigkeit eigentlich – geistintendiert – exponentiell zunimmt, kreatürlich bedingt jedoch retardiert wird, so daß die Hoch-Zeit – die „Gemeinwirklichkeit" zwischen Faktor und Spiritur – zwar schon „begonnnen" hat, aber noch nicht beginnen „konnte". Dies bringt es mit sich, daß Zeit und Raum mandatarisch in einen Konflikt geraten: in das (inner-)kosmisch nicht aufhebbare Dilemma, enden zu sollen und nicht zu dürfen. Dieser kontradiktorische Auftrag gefährdet die Stabilität ihres Bauplans; er bringt die Struktur des Kosmos ins Wanken, so daß der Umschlag in sein beschleunigtes Endenmüssen oder auch –dürfen materiell schon in Gang kam und nur der Umstand, daß sich das Unbedingt-Absolute, des Widerstands wegen, in Spiriturform verdichtete, diesen Prozeß frateriell noch aufhält. Daraus entspringt das Paradoxon der Gleich-Gültigkeit nächster Nähe und fernster Ferne der Hoch-Zeit: zeitgesetzlich im Wortsinn Un-Fug, der Hoch-

Zeit als Geistpostulat wegen willkürhaft kompatibel und keiner Kritik zuhanden.

Das Ende der Welt ist kein Disputandum, sondern entspricht der Logik des Absoluten, Deswegenes, Relatives nicht absolut zu setzen. Die Fortschrittsidee (des kreatürlichem Widerstands) verzichtet auf diese Logik, was sie jedoch nicht aufhebt, sondern die nur bedingte Tauglichkeit zeitfokussierter Kategorien verdeutlicht. Absolute Petiten können per se nicht Fiktion sein. Fiktion ist die Nichtwahrnehmung des Absoluten, was einschließt, die Dimension Unendlich sei eine nichtmechanische, nämlich die richtige, theologisch: die heilige, sprich gerechte. Es wäre, wenn es das geben könnte, „absolut ungerecht", also nichtabsolut, ließe das Absolute es bei einer Welt bewenden, die zum Petitum Hoch-Zeit quersteht, sprich nichtheilig „sein" will. Das Petitum ist nicht verhandelbar, auch, nein: erst recht, mit dem frateriellen Gott nicht. Die Epiphanie des Absoluten – die ja den Unfall schlechthin beheben soll – setzt das Petitum nicht nur nicht außer Kraft, sie bekräftigt es eher, und zwar frappant frateriell: eu-angelisch, was aber implizit für die Logik der Parusie spricht. Diese nun wäre, wiederum: wenn das sein könnte, absoluter Un-Sinn, fiele sie nicht in eins mit Neubeginn und, zuvor – das letzte Zuvor -, Gericht. Neubeginn freilich nicht kosmischer, sondern richtiger, heiliger Art: entpropterstantialisiert. Implementiert das Hoc sein Petitum Hoch-Zeit, ist Ad hoc, ist Zeit nicht mehr nötig. Das hat mit der Frömmigkeit eines Wünschens nichts – mehr – zu tun; es trifft eo ipso zu, auch wenn nur Einer es glaubte und Milliarden es nicht zur Kenntnis nähmen.

Die Epiphanie korreliert mit dem entjektiven Anspruch auf Ehre, die dem, der sie gibt, nichts nimmt, sondern alles gibt: die Gemeinwirklichkeit mit der Wahrheit. Absolute Ehre ist herrisch, weil einschlußweise die Herrlichkeit dessen, der, sie nicht abzuschneiden, gelobt, sprich „glaubt". Das Absolute ehren, heißt anerkennen, wenigstens wahrnehmen, Nichtrelatives sei Eros, der jede Sehnsucht, jede geschlechtliche sowieso, absolut übertrifft, weil er allein auch zutrifft, so daß, wer ihn annimmt, nicht aufhört, sondern zu leben erst anfängt. Das Absolute am Kreuz macht das Kreuz absolut, zum Imperativ schlechthin. Es gibt nichts Plausibleres, weil nichts Nötigeres, als das „Lamm Gottes": nichts Entsetzlicheres und nichts

Heilsameres. Christus hätte nicht kommen müssen, weil, daß Widerstand kam, „absolut“ nicht sein sollte. Entjektiv hat das Falsche kein Recht; geschieht es gleichwohl, ist nicht das Falsche richtig, sondern das Richtige um so richtiger. Daß Kreuz mit Hoffnung – mit einziger – kongruiert, ist zwar – vor allem – Petitum Christi, doch, dessen ungeachtet, Pflichtthema nichtvergeblicher Logik-Seminare.

Daß Materie wurde, geschah im Anschluß an den Beschluß, daß Spiritur sei, daß „Adam“ werde. Der Beschluß ergeht zeitlos, so daß, ehe Adam wird, werden muß, was ihm diene: Welt, zuallererst also – deren – Zeit. Der Kosmos entsteht propter Adam; dieser ist also früher, trat aber später auf. Zuvor ist das Bild des Hauses im Architekten; dem folgt das Mandat an die Bauleute.

Die Frage, „wie“ die Materie wurde, ist Rechtens, aber nicht intelligent. Sie „wurde“ ja nur der Zeit nach; der Intention nach, sie solle werden, stand – oder steht – sie „bereit“. Das heißt nicht, sie sei unendlich, aber unendlich möglich; sie muß nur noch „etwas“ werden. Das te physei Frühere des Protons ist der Wille Gottes. Was dabei optisch oder akustisch mitspielt („Urknall“), ereignet sich extentional als Reflex faktorischer, intentionaler Selbstdiffusion. Die Grenzüberschreitung zum Faktum geschieht, soll Faktum nicht gleich Fiktion sein, sowohl – von der Tat her – „poietisch“, also wahrhaftig, als auch – vom Ergebnis her – pragmatotypisch, sprich wirklich im Sinne von wahrnehmbar.

Die extreme Kleinheit der Teilchen weist auf die Echtzustandsnähe des frühesten Etwas hin, das eher nichts ist als etwas: „eher“ als zeitrelevant und zuständlich aufzufassen, „Echtheitsnähe“ als Ferne vom Selbstwert, sozusagen als dessen „teilweiser“ Umstand. Das Teilchen findet als Intermezzo statt: zwischen der Intention und dem Ja oder Nein des Faktums; es, das Teilchen, erscheint als Garant und Symbol riskierter faktischer Freiheit. Daß Etwas wird, ist faktorischer Demut geschuldet; daß es wird, ist faktorische, nicht überholbare Größe. Die Demut manifestiert sich im winzigst erdenklichen Ausmaß, die Größe im Übermaß des Entstehens als Abstand des Endlosen von sich selbst, in seiner Entäußerung. Das Unendliche wagt die Zuversicht, seine Absicht werde nicht scheitern; es setzt sie mit dem aufs Spiel, das es dazu setzt. Ein dramatischerer Eklat kann nicht sein als der Umschlag von Gott zu All.

Nicht so, daß Gott „würde“, doch so, daß, was „ist“, sich nicht scheut, zu schaffen, was ihm nicht gleichkommt: das Nichtnichts Stoff. Dieser Eklat aus Gott ist, ergebnisbezogen, sprich materiell, „Urknall“, täterbezogen, sprich pateriell, Schöpfung als Fundament der Zustimmung. Die Urhebung des Archons, des primären Teilchens, löst Teilnahme aus. Das Archon beherbergt, tatinhärent, „alles“, ist also, ehe es kosmisch „wird“, „Allchen“: Mitgift des intendierten Nötigen. Als Bild des Unendlichen „organisiert“ sich das Allchen, indem es sich diffundiert, kosmisch gesehen: spaltet, in Wahrheit jedoch dreieinig zunimmt, sein Involut evolviert, um konvolutorisch geschehen zu können. Die Mitgift hat potentiellen Belang. Auslöser spiritürlichen Tuns ist der Geist, der den „Rückknall“ fordert; ist, daß der Mensch wird und fundamental agiert: anbetet. Im Rückknall ereignet sich Applosion zwecks Applaus.

Weder Urknall noch Rückknall können von Null ausgehen, oder Null muß als Chiffre des Infiniten verstanden werden, als Schnittpunkt des Mathematischen mit dem Heiligen. Dann ist die Innenseite der Null die Liebe Gottes, die Licht heißt, das, abundant, erster Stoff wird: Materie als Mutterding überhaupt. Im Photon erscheint die Natur des Unendlichen quantisch, doch so geschwind, daß sein An- und Abwesendsein kongruieren, es sozusagen amphibisch vor- und zukommt, als Zwischenwesen fungiert. Dieses Zwischen ist zugleich zeithaft und zeitfaktorisch. Kommt es abhanden, stirbt alles sonst im Nu und gerechterweise: der Stoffwechsel in der Zeit und der Lohn in der Ewigkeit. Licht ist der Pendelverkehr zwischen Hier und Richtig – als leuchtendes herkommend, als in Dank verwandeltes „rückschrittlich“ zum adventlichen. Nur wo beide einander treffen, hat Dasein ein Recht auf Sinn; unterbleibt die Verwandlung, herrscht „Finsternis“ alias Tod.

Null, ohne weiteres, kann nicht Eins werden, es gäbe denn einen Auslöser hinter ihr, den Agenten, der sich darin chiffriert. Null ohne weiteres steht für Nichtzahl und kommt in der zahlhaften Welt nicht vor. Als Gedankenprodukt hat sie gleichwohl einen Möglichkeitswert, denn sonst dächte sie niemand, nicht einmal fiktional. Daß sie denkbar ist, weist auf die Art hin, von der sie stammt: den Glauben als zahlfreie Spezialität des Menschen, rückgebunden zu existieren. Der Gedanke an Null tradiert die Erinnerung an den Nichtstoff Gott, und zwar nolens, über der faktischen Freiheit zum Nein. Mathematisches Denken geschieht als Photologie des Glaubensaktes, ist fides agenda, Pro-paganda des Infiniten im Zerebralbereich. Kein Tier kann für möglich halten, es sei nicht, weil seine Rückbindung keine Selbheit einschließt, also die Sünde ausschließt.

Die Null ist das Inter-esse des Endlosen am zu Werdenden, ihr Möglichkeitswert die Verschlüsselung endloser Art, zu sein: „Drei". Fiktion ist die Eins, jede Einheit ohne das Totem Zwei gleich Unendlich. Mit der Null camoufliert sich die aus dem Lot geratene Freiheit als Widerstand gegen den intentionalen Zustand Treue, die Achsendrehung gegen den Rück-Schritt zur Hoch-Zeit im Totem Zwei. Daß Adam mißlang, hat das Licht genötigt, als Lamm in die Welt zu leuchten, was dazu führte, daß Teilnahme durch das Nadelöhr Glaube eintritt und in der Zeit, wie das Lamm, am Kreuz hängt. Wo nicht, mißlingt sie wie Adam.

Die erste Transformation wäre leicht gewesen; die zweite - ad agnum - fällt tödlich aus, selbst wenn der Tod, vom Unendlichen her, schon umkam, was aber niemand weiß als die Treue. Das gilt genauso für das Wieso des adamischen Scheiterns. Dem Nichtlicht leuchtet nicht ein, daß die Finsternis a priori nichtweiß und ihre Höchstleistung der Gedanke an Null bleibt. Die Schuld hat kein Zeug, ihr Werk zu begreifen, definiert sie sich doch als Norm und die Achsendrehung als Schritt gen Hoch-Zeit horizontaler Art. Metanoia, Umkehr bedingt das Gegenteil: Distanz zum Deswegenen zwecks „Adstanz" zur Logik als hyperphysischem Licht. Teilnahme - als Nichtfußnote zu Platon - heißt Drehung gegen die Achsendrehung, Kon-Zentrierung mit Bethlehem, das kein Ort mehr ist, sondern Art zu sein.

Kon-Zentrierung schließt Kosmozentrierung ebenso aus wie den Trugschluß, Gott sei Abstraktum oder Fiktion. Es gibt kein Abstraktum; es gibt aber den Abs-traktor der Kontrahenz zwischen Licht und Objekt gleich Faktum. Entscheidung tut not: für oder gegen die Kontrahenz. Dazwischen liegt keine Zone Ich, sondern das

Ich als Provinz des Abs-traktors, das Nur-Territorium Hölle. „Land“ im Sinne der Logik ist Kontrahierung mit eben dieser, sprich Treue zu deren Treue. Logik und Treue fallen nicht auseinander; sie sind zwei Seiten der nämlichen, infiniten Wahrheit.

Der Kosmos verhält sich zu dieser wie ein Gefährt zum Ziel, wie der Same, ehe er stirbt, zum Baum. Entscheidung schließt ein, die Spezialität des Menschen mutiere zur Universalität des Paarseins mit dem unendlichen, trinitarischen Totem, welches sie widerspiegelt.

Dazu gehört „Ekstase“: das Nichtmehrdenken im Gleis enstatischer Dummheit; die Entsolidarisierung mit dem, der faktische Treue auf sich zieht, weil ihn der Faktor ärgert. Wer der ist, bleibt enstatischer Existenz verborgen; der Treue wird es von außen signalisiert. Mit dem divinen Mysterium konkurriert nämlich das verruchte, und die riskierte faktische Freiheit riskiert sich selbst, vermutet sie sich nicht der Huld bedürftig, denn die Besessenheit impliziert ja den Selbstbetrug, sie sei Standard. Nur der Glaube wird inne, was Standard ist, denn er glaubt ihm, ist also Seinesgleichen

Der Glaube dolmetscht den Standard, bis dieser die Propterstanz nicht mehr braucht, weil entschieden wurde, wer gilt. Wer glaubt, ist kein Sehender nach dem Maß der Herrlichkeit, doch ein Wissender, er sei blind. Dieses Wissen billigt die infinite Kritik am Nichtpaarsein des dazu Talentierten, was das Talent zur Reue einschließt; diese aber kann – wieder – treu sein. Glaube ist Schuldbekenntnis; räumt ein, der Zeit-Raum genüge nicht, weil – sonst wäre die Reue Torheit, mindestens Luxus – der Nucleus absolutus im Faktum gewahr blieb, daß Gott – sonst wäre Gott Popanz – nicht der oder jener sein kann, erst recht nicht Fiktion. Fiktion ist die Norm des Kosmos, da sei nur Kosmos; doch diese Norm kam nicht kosmisch zustande, sondern entspringt dem Oktroi usurpierten Mysteriums.

Die Einhelligkeit des Nein erlaubt keinen Zweifel an einer zentralen Steuerung; noch weniger daran, daß dieser Steuermann Grund zur Eile sieht. Es ist nämlich offenkundig, daß die Norm sich dogmatisiert und die Geschwindigkeit des Prozesses sich zum Quadrat erhöht. Wer sein Tempo so fulminant verschärft, dessen Tempus droht abzulaufen. Noch mehr: Dessen Tempo beweist seine

Nichtabsolutheit, einschlußweise somit, die kosmisch-kontraessierte Norm sei Plagiat; habe angefangen und werde enden (müssen). Der Glaube durchschaut dies ob seiner Art, geschwinder zu sein als jedes kosmische Tempo, das Licht nicht ausgenommen, denn die Treue hat Standardgeschwindigkeit: Der Nucleus absolutus war gestern schon, wo er heute hinwill. Daraus ergibt sich von selbst die überlegene „Intelligenz“ des Glaubens, der zwar nicht sieht, aber einsieht, was logisch zutrifft. Die Treue besitzt das Sofortureil, dessen Kraft, weil faktorischer Provenienz, sie zum Vorsprung vor jeder Zeit promoviert, denn der Zweifel hat nur die Zeit und zudem das Problem, daß der Nucleus absolutus dem Nein in den Arm fällt und es zu ihm – zum Zweifel – sozusagen verlangsamt. Der Zweifel ist deshalb so wenig er selbst wie der Kampf, sondern Produkt der Kämpfer, der Zweifelnde aber der Kampfplatz. Ein Mensch mag vom Nein zum Kreator besessen sein; das Nein selbst ist er nicht, nur Sympathisant. Es war vielleicht – auch – ein verkehrtes, das Scheitern des Aufruhrs antizipierendes Mitleid, das Adam die Hoch-Zeit kostete und ihn zum Urahn des „linken“ Irrtums machte, Gerechtigkeit und Gericht seien nicht kompatibel. Nichts spricht nämlich dafür, die Spiritürlichkeit des primären Menschen sei zu gering bemessen gewesen, um Gott, und nur ihn, zu lieben. Dies widerspräche diviner Allmacht so sehr wie divinem Eros. Es war wohl gerade das Innesein der unendlichen Liebe, das die Versuchung falschen Erbarmens nicht abwies, die Urwarnung in den Wind schlug, kein Urteil darüber haben zu wollen, was gut oder böse sei. Der Baum der Erkenntnis besagt, nur im Faktor koinzidierten Logik und Gnade, und diese Koinzidenz sei gen Faktum nicht delegierbar. Alles sonst bildet Faktum ab, nur den Kern nicht, nicht das Mysterium. Der mystische Kern des Unendlichen ist die Vorsehung, die das Gesamt des Faktischen als Komplikat betrifft, was impliziert, Vorsehung, Endurteil sei nicht kreabel. Adam maßte sich an, die Logik dieser Beschränkung zu ignorieren. Daß er daran im Grunde hätte verderben müssen und doch nicht verdarb, belegt, daß Gericht Infinitprivileg ist und Gott es nicht aus der Hand geben „kann“. Es liefe der Ehre Gottes zuwider, die zu fürchten dem Menschen noch im Frohlocken über die Hoch-Zeit Mandat bleibt. Weder Freiheit noch Abbildsein machen das Faktum dem Faktor ebenbürtig, denn geboren, zu Dank und Ehrfurcht – die keine Angst ist -, wird nur das Faktum; der Faktor i s t.

Botschaft ergeht vom gekränkten Gott. Der zufriedene hätte sich artikuliert, wie er ist, und das Ohr dem Empfänger dazuverliehen. Adam erhält nur die Weisung, „fruchtbar“ zu sein – in Analogie zum divinen Faktor. Die Abbildlichkeit des primären Menschen hob auf das trinitarische Vor-Bild ab. Mit diesem wäre er, un-schuldig, amalgamiert worden. Der Herr einer Erde ad hoc hätte kein Bauer, er hätte Mit-Gott sein sollen; das Paradies war die Anfangsgestalt der Hoch-Zeit. Adams Lapsus zerbrach diesen Plan, und es blieb beim Vorlauf, bei Zeit als Relatum ohne ihr übergeordnete Perspektive. Zeit ohne Gottprimat ist Verlängerung ihrer selbst als Schaden.

Die Botschaft betont das, weist aber darauf hin, der Schaden sei reversibel. Ihre Nichtverwunderlichkeit ergibt sich aus dem Projektcharakter der Schöpfung. Adams Freiheit mochte da mitspielen, das Spiel gar verderben; das Spiel war sie nicht, weil nicht Faktor. Divine Liebe schließt Allmacht nicht aus; Gnade nicht, daß auch der Gnädige frei bleibt, sich zu erbarmen oder auch nicht. Gott ist Welt-Unternehmer. War seine Schöpfung Projekt, hat ihr Gelingen, nicht Adam, Priorität. Gott nimmt sich ein Volk heraus, den Lapsus zu korrigieren. Israel wird der polymorphe Adam, die Braut des Unendlichen. Nur Christi Gehorsam wird größer sein als der Abrahams. Daß dies in Freiheit geschah, belegt deren Abstammung von der Liebe. Daß es zudem kein Volk gab, das zwar, wie viele, frevelte, aber auch Tadel ertrug, ihn sogar kodifizierte, spricht für den Nichtmythos jüdischen Glaubens, für Rückbindung heiliger, nicht vermuteter Art, für Israels Exzellenz.

Jüdische Treue korrespondiert mit mesotheischer Kohäsion. Daß sie ins Wanken gerät, widerspricht ihrem Vorzug nicht, bestätigt ihn eher, denn der Schuldtradition muß es ja ob der Gnade grauen: Ein Schrecken wird wach, ob sie sein könne. Hätten die Juden in toto auf die Propheten gehört, wäre es ratsam, an Israels Prae zu zweifeln, weil Hoffnung und kapitale Sünde, geht man die Sache strikt an, einander ausschließen. Der Anstand der Schuld impliziert die Erwartung der Nichterlösung. Den Juden erwartet, und er erwartet „Scheol“, das Totenreich; mehr war Vermessenheit. Das ist kein Zynismus, sondern der Wirklichkeitssinn des gerecht Intendierten, der abwich, und weist um so mehr auf Israels Exzellenz hin.

Es gab keine Trance, nichts Verzauberndes, nur das Gesetz des Mose. Daß die Juden es übertraten, war zwar ein Übel, gleichermaßen jedoch die Vorwegnahme der Erkenntnis, daß das Gesetz, für sich, nicht erlösen kann, weil, wer nur das Gesetz tut, sich noch an Krücken klammert. Erfüllen kann es nur der Gesalbte. Erst dann ist es aufgehoben, ohne verletzt zu werden. Erst der als Jude geborene Gott generiert die Freiheit, die ohne Gesetz gilt, weil sie das erste Gesetz, die Liebe, nicht übertritt, den Archenomos in Gott reflektiert. Christus entbirgt den inneren Zustand des Infiniten, der Trinität heißt. Die mesotheische Qualität hebt das Gesetz, zu dem Adam Gott nötigte, auf; sie braucht – und duldet – kein Praeter propter dessen, das selbst gilt. Gesetz ist fortan das Attribut des adventlichen Gottes: das Kreuz.

Daß Israel den Gesalbten ans Kreuz schickt und dieser es hinnimmt, erstaunt nur profane Köpfe. Es war die Braut, die Gott kreuzigte, so daß, was der Norm nach verhängnisvoll werden mußte, vom Standard her Segen wurde. Der Braut ist alles erlaubt. Ihre Schuld wird ihr nicht nur vergeben; sie macht sogar „glücklich", weshalb kein Gericht ihr gerecht wird als Gottes, des Bräutigams, das nach der Liebe urteilt. Israels Exzellenz konfirmiert die unendliche. Wem diese sich anverlobt, der empfängt ihren mystischen Maßstab. Wer also Israel haßt, hat verloren, denn er entlarvt sich als Hasser Gottes. Es zählt nicht, was Israel tut; es zählt, daß Gott dieses Volk heraushob; dies, kein Verdienst, macht es heilig. Den Gegenstand theo-erotischer Willkür anzutasten, ist Mordversuch am Unendlichen und stellt die Gnade vor das Problem, ob sie für diese Art Greuel noch kompetent sein wolle.

Wer das Kreuz nicht goutiert, weil es jüdisch ist, dem paßt Gott nicht, weil er der Herr ist. Jeder Jude fungiert als jedermanns Prüfstein, ob Gott – der genaue, jüdischgeborene – ihm zum Heil gereicht oder ihn ausstößt, denn es ist nicht nur unfromm, sondern auch antilogisch, also fatal, mein Ja zum Erheblichsten meinem Geschmack auszusetzen. Wer Gott ein Wie vorgibt, sträubt sich in Wahrheit gegen die Wahrheit selbst. Dies tut er aber, weil er – aus ihr – nicht sein will. Was will er jedoch dann noch sein können?

So ist auch die Botschaft keine Geschmacksfrage, sondern Arzneimittel. Wer sie „beurteilt", verurteilt sich zum Erfolg seiner Krankheit. Die Selbstmeldung Gottes stellt sich nicht zur Debatte, sie will „gegessen" werden. Nicht ästhetisch, als Leckerbissen, sondern im Blick auf den Unsinn Tod, der von mir stammt und den nicht zur Kenntnis zu nehmen ihn nicht nur nicht aufhebt, sondern ihm Vollmacht gibt.

Entjektiv ist der Tod zwar auch chemischer Vorgang, doch nur am Rande. Seinem Wesen nach zeigt er an, was schon vorliegt: Lüge über das Lebenkönnen als Darlehen. Deren Schäbigkeit löst ihn aus. Der Tod ist der Mandatar der Untreue, das Nichtlebenkönnen, weil nur die Treue lebt. Im Dasein „allein", das nichtlebt, west er schon an. Im und vom Nichtglauben „lebt" er; im und am Glauben stirbt er. Das Nichtbekennen der Wahrheit erzeugt die Kultur des Todes, sprich Tötens. Der Mord hat die Lüge zur Mutter, „Internes" sei lebensfähig.

So hängt alles daran, daß das Leben herkommt; der Rest daran, daß das Todgeweihte es nicht nur wahrnimmt, sondern ihm auch Gehör schenkt, umkehrt. Es gilt die Gleichung Lebenkönnen - Metanoia. Unterhalb dieser „Christusfomel" regiert die Behauptung, dies oder das sei Leben; west Leben als Kunstform ab.

Kunstform will sagen: Todeskultur schließt Leben als Können aus und verkürzt es auf Überleben-Wollen. Entjektiv ist das kein Leben, weil Untreue eben nichtlebt. Rückbindungsloses Da-Sein führt a priori Krieg, denn der Krieg ist das kosmische Attribut des Todes. Friede entsteht nicht aus dem Geschrei nach Frieden, denn erstens wäre das nur ein Nichtkrieg zugunsten friedloser Intentionen des seiner Art nach kriegerischen Egozentrismus, also ein thanatogenes, angstdominiertes Zwergendasein, und zweitens vergäße ein solches Friedenspetitum, daß Friede nur eine - logische - Quelle und Form hat, den Frieden mit dem Unendlichen, der, wie das Leben, nein: als das Leben, adventlich eintritt oder, wird der Advent verworfen, Unort, utopisch bleibt. Der Topos des Friedens war nie ein territorialer, sondern das Veritorium Christus. Intern, auf Menschen gestützt, regiert tatsächlich der Krieg als Vater der Dinge und Aller gegen Alle.

Wie der Geist, kommt der Friede „zur Türe herein“ und bleibt aus, wenn der Geist nicht durchdringt. Zur Homonoia trinitarischer Herkunft und Qualität gibt es allein die Nichtalternative Paranoia, sprich den Normalzustand kosmischer „Autonomie“. Der Krieg ist das Unerstaunlichste überhaupt, unterschlägt man nicht seinen Ausgangspunkt, den Krieg gegen Gott. Wer Gott ignoriert, hat Partei für den Tod ergriffen und will nicht nur, sondern kann nur noch Kriege führen. Davon erlöst ihn auch keine Friedens-Sehnsucht, denn diese verklausuliert nur die Sehnsucht nach dem verworfenen, christlich: gekreuzigten, Gott. Der Mensch als das Maß der Dinge paktiert mit dem übermenschlichen Kontraesse, das heißt: mit dem Vater, dem Katalysator des Todes. Wie will er, stehen die Dinge so, den Enkel, den Krieg, entmachten? Ist Lebenkönnen gleich Friedenhaben, dann gilt auch die Gleichung Friedenhaben - Metanoia, also der Rück-Schritt zum Friedenskatalysator Immanuel. Der Friede hat seinen christo-logischen Grund - und „Preis“ -: Wo das gültige Leben, wo Christus nicht herrscht, herrscht der Tod, der Krieg sowieso. Wem dieses Junktim mißfällt, dem mißfällt der Friede. In dem kann der Friede nicht anfangen, weil er mit dessen Ursprung hadert, es dem dreieinigen Gott mißgönnt, ihn zur Hoch-Zeit, zu deren Frieden, kreiert zu haben. Ein solcher Mensch bleibt polemisches Wesen und postuliert, was er plagiiert hat: Vorrang und Art des Heiligen, des Externen, Nichtdeswegenen, die erkennen zu können von Christi Botschaft herrührt, doch ohne Treue zu ihr intern nicht implementierbar ist. Es gibt keine Mitte zwischen dem Gültigen und dem Versäumnis, ihm beizutreten. Der Tod, sprich der Krieg, ist am Kreuz getötet worden. So entspricht es der Staurologik, ihn nicht - ohne Kreuz - zu reanimieren. Les jeux sont faits. Mehr, das heißt weniger, geht nicht.

Ins Leben treten

Der Platz der Welt unterm Kreuz

Christologisch gleich entjektiv kommt dem Kreuz kein Platz in der Welt zu, sondern der Welt ihr Platz unterm Kreuz, will sie ausschließen, daß sie belebt, was tötet. Ihr Lebenkönnen ist ein erkaufter Zustand und kann auch nichtsein. Metahistorisch handelt es sich um ein Geschäft mit dem Kontraesse, genauer: um eine Wette des Infiniten, der Mensch sei am Ewigen interessierter als an der Anmaßung, Maß zu sein, die zum Tode führt, den er, in dieser Anmaßung, austrägt.

Der Tod – wie sein Klon, der Krieg – ist kein Schlag von außen, sondern fängt an, wo Treue, sprich Logik, aufhört: innen, im Nucleus absolutus, der am Kreuz hängt und nicht mehr stirbt oder stirbt, weil er nicht am Kreuz hängt. Wer die Mitgift des Kerns vertut, tut sich selbst Gewalt an. Der „geliehene Gott" im Faktum eignet sich nicht zum Mediokren. Er läßt hoch- oder ableben; Quasi-Leben ist seine Sache nicht.

Kreuz und Haken-Kreuz

Andererseits gehört es zur Typologie des Todes, Lebendigem anzudichten, es sei verzichtbar. Der Tod ist der Sohn des Nein, seine Botschaft das Antangelion, Leben sei treuefreies Ereignis, Rebe auch ohne Weinstock Selbstand, Ich nur elternlos gültig. Daß das geglaubt, nicht verlacht, wird, beweist: Hier spricht, durch Leihstimmen, schon der Tod für sich, aus sich selbst; hier geschieht ein

Obvent zwecks Fabrikation von Zombies. Aus der Nichtdominanz des Kreuzes auf kreuzfreies Lebenkönnen zu schließen, bestätigt die Dominanz eines Kreuz-Surrogats: des kontraessierten Haken-Kreuzes. Nur obszöner Erblindung kann das verborgen bleiben.

Das Antimysterium imitiert den geliehenen Gott, doch der Nucleus absolutus läßt sich nicht außer Kurs setzen. Als Unbedingtem steht ihm die Rache zu, und er übt sie, wird Nucleus infernalis. Das Haken-Kreuz ist der Widerhaken des Kontraesses; seine Jünger fischen, wie Christi Jünger, Menschen. Es gibt kein akquisitionsfreies Menschenfeld; die autonome Vernunft ist Konstrukt der Todeswerbung, Globalisierung „Katholisierung“ von unten. Dem Tod fällt nichts Eigenes ein. Er kann alles, nur nicht, nach Hoffnungsmuster, begeistern; doch alles andere reicht nicht. Das Hakenkreuz hat den Mangel Onans: Es wird nichts daraus, weil es, was ist, ignoriert, sprich befehdet.

Religionen zieht niemand in Zweifel; das Kreuz bezweifeln selbst Christen. Das spricht für kruziale Stringenz, denn die Mühe, ein Lächerliches zu konterkarieren, macht sich niemand, schon gar nicht, es zu kopieren. Das heißt: Es gibt nichts Logischeres als Christus, nichts Wichtigeres als das Kreuz. Entjektiv sowieso, weil „das logischste Implikat faktorischer Liebe“, also nicht akademisch, sondern zentral, sprich imperativisch. Das Hakenkreuz demonstriert dies nolens, indem es den Schwachsinn kanonisiert, das Erhebliche sei gehobene Unterhaltung. Hakenkreuz ist kein „fascistisches“ Privileg; es steht für jede Gestalt des Zivilpapismus, für jedes profane Dogma. Im Fascismus wird es nur sichtbar geboren; das Davor, die Freiheit als Selbstzweck, fungiert als Uterus – den Samen spendet das Kontraesse. Zerrüttung hat eine Vorgeschichte: die Un-Verschämtheit, die Nichteinmalmehrvermutung externer Ehre.

Fascismus und christlicher Bauplan

Fascismus im engeren Sinn „verkirchlicht" das Unbehagen am liberalen Entwurf als Selbstlob. Der Ordo-Gedanke stellt implizit die treffende Diagnose, die libertäre Gesellschaft, die Societas infidelium, riskiere das Fundament des Leibseins; die Glieder lösten sich ab, sprich auf. Eigensinn ist kein Sinn; außer Neurosen gebiert er nichts. Daß Ordo, per se, ohne Rückbindung, für nicht geringeren Unsinn steht, ignoriert der Taxeomane und stülpt dem Sinnverlust den fascistischen Todessinn über.

Die Fascismuskritik liberaler Abkunft unterschlägt jedoch ein Entscheidendes: Der Mensch ist, christlichem Bauplan nach, ein „soldatisches" Wesen; jemand, der, um es nicht zu verlieren, sein Leben ein- und aufs Spiel setzt, weil ihn ein Leben „nur so" geniert, ja beleidigt. Er weiß sich im Zeugenstand gegen die Welt, zum Martyrion für einen Überwert aufgerufen, den liberales Autonomieverständnis gekränkt hat.

Es ist der Christenmensch ohne Christus, der da verführt wird. Sein Petitum heißt Kreuz, geseiht allerdings durch den Argwohn des Liberalen – der ja auch er ist – gegen den Crucifixus. Den Erstbauplan überlagert ein Gegenentwurf, der bis Eden zurückreicht, das linke „Ich werde nicht dienen!". Was am Ende dabei herauskommt – eine Art atheistisches Apostolat: wozu? -, mag inkommmensurabel sein, erklärt aber den genea-logischen Knäuel des Doppelirrtums, Freiheit und Ordnung könnten Alleinrang haben. Zudem wird die Abstammung klar: Faktor ist der „adamische" Liberalismus, der Fascismus sein Faktum. Das Nein zu Christus gebiert das dämonische Ja zum Tod. Das Senfkorn fällt trotz Voltaire in die Erde; doch seine Frucht ist furchtbar. Nichts vergilt so horrend wie das abgesenkte Unendliche. Das ignorierte Externe ist ja nicht nicht; es befüllt das Interne gleichwohl und zerreißt es. Das verspottete Heilige explodiert; der unendlichen Druckwelle hält nichts Endliches stand. Die Eschata können beginnen.

Selbst wenn das Christliche Narretei wäre: Es ist Erbgut oder auch – schaden. So oder so – es p r ä g t e . Der Geprägte hat keine wirkliche Wahl. Des Gutes oder des Schadens wegen gelingt

Entprägung nur um den Preis der Selbstzerstörung. Das Abendland mag nicht christlich sein wollen; es ist aber Christi oder des Todes, hängt am Kreuz oder in der Luft. Es geht nicht um Frömmigkeit oder Glauben – es „geht" sonst nichts. Der Mensch Christi kann wieder Christenmensch, sprich gekreuzigt, werden, oder er läßt es und stirbt am – liberalen oder fascistischen – Hakenkreuz ohne Ostern.

Spealität. Erwußtsein

Der Imperativ des Kreuzes schließt ein, auch das Subjektive sei wiesungsgebunden im Sinne der Neugeburt eines kreuzesaffinen Wesens, und zwar auf doppelte Art: der An- und der Wegweisung. Anweisung ehren- und anstandsmäßig, Wegweisung Richtung Auferstehung zum Hoch-Zeit-Leben. Der Nucleus absolutus ist nichts Beliebiges, sondern die Crux der Hoffentlichkeit, die Realität als Sperandum. Golgotha hat die Wirklichkeit neu geregelt, hat Spealität kreiert. Das Alte, bloß Mythische, Angestrengte, verschwand – nicht nur entjektiv-„objektiv", sondern auch innerpsychisch. Die Seele weiß nun, woher und wohin; kennt sich aus und bekennt es. Nicht jederzeit explizit, doch hoch-zeitlich implizit als „Erwußtsein". Das kruzifixe Unendliche kann keine Sache „neben" mir sein; es nimmt Tat-sachlich meinen Platz ein. Es tritt nicht herzu und sonst nichts; es vertritt mich; erübrigt, was ich – nicht – wußte, und weiß mich. Nicht „um" mich, mich.

Spealität ist Mitwirklichkeit mit dem Infiniten nach Maßgabe meines gekreuzigten Status. Die kruziale Weisungsgebundenheit konstituiert die Mitgliedschaft im dreieinen Standard, verkörpert durch Christi Leib, den die Kirche spendet. Der mitgekreuzigte Mensch weiß „korreal" immer so „viel", wie „sehr" er glaubt: der Potenz nach „alles". Erwußtsein hat, ungleich Bewußtsein, Zugriff auf alles „Mögliche", ein andermal also auf „alles". Es wird ihm zugemessen dem Maß seiner Treue nach, denn als Gekreuzigter ist er Tat-sachlich mit-unendlich: nicht un- oder unterbewußt, sondern „erwußt".

Die Struktur des Unbewußten

Im Unbewußten trägt sich ein Mehrfach-Regime zu, ein Multidepositum von Gedächtnissen. Urharmonie, Revolte und Reue durchkreuzen einander und stiften Wirrwarr. Der Aufstand zeiht sein Objekt, das Urheberliche, ergo Divine, der Unterdrückung. Die Reue begegnet dem Nein mit mythischen Kultgebärden, die freilich daran kranken, daß die Revolte die Urharmonie tabuiert hat, die Mythen also zu kurz greifen (müssen), was sie auch ahnen, und was die Psyche beunruhigt.

Es fehlt das Wichtigste: Wahrheit, der eine, unumstrittene Sinn, der Führer Logos, der Kompaß. Die un- oder unterbewußte Seele ist, teleologisch gesehen, Unpsyche, sprich Psychose, Polynoia, Spaltungsevent, Brutstätte von Neurosen. Ihre Bauteile liegen im Krieg miteinander, den ein entgeistertes Zentrum ratlos und zur Verzweiflung geneigt erduldet.

Strenggenommen ist das ein Nichtmehrzentrum, denn die statistische Mitte aus Urharmonie, Revolte und Reue ergibt keinen mittleren Stand, sondern Durcheinander, keine Person, sondern Chaos, kein Ego, sondern Polygo: aussichtslos, irreparabel aus „sich“, weil Nicht-Ich.

Angemessen – gäbe es noch ein Zentrum – wäre der Selbstmord; aber der Tod ist schon durchgedrungen: als Anwesenheit ausgerotteter Identität. Der latent schizophrene Mensch „war“. Was starb, kann nicht abermals sterben; ihm bleibt, so zu bleiben: Schaden.

Wer profitiert? Wenn niemand – woher die gegenläufigen Interessen? Wenn jemand, dann nicht der Mensch. Wenn dieser nicht – Gott (wenn er ist)? Wenn auch er nicht (weil er die Liebe ist), wer sonst, als ein Groll, Gott sei? Sozusagen der Groll an sich, ein Neid gewordener Jemand.

Die Erinnerungsqualität der Mythen legt diesen Jemand nahe, denn niemand, sprich nichts, kann nicht revoltieren. Andererseits wird der Jemand seine Revolte auch nicht bereuen (wollen), sondern der

Widernatur nach daran Gefallen finden. Er, der den Tod generiert, wird ihn hegen und sehen wollen, wie er gedeiht. Als Verkehrter muß er ja idio-logisch bleiben, zumal da das Richtige, wollte es ihm vergeben, gar nicht das Recht dazu hätte, weil es dann falsch wäre, richtig zu sein. Wenn geliehene Macht aus der Art schlägt, verbietet sich Gnade von selbst. Sie würde zum Frevel des Sinns gegen sich, zum Agrément für die Nichtwahrheit, zur Abdankung des divinen Faktors, zum Applaus für den Tod des Projekts namens Leben gleich Ewigkeit.

Das Polygo macht keinen Stich mehr. Der Jemand hilft, seiner Art nach, erst recht nicht. Es liegt also am Unendlichen, seinen Trumpf auszuspielen. Das kann, seiner Art nach, nur der sein, es ziehe den Menschen an sich, genauer: kaufe ihn diesem Jemand „ab". Der Preis ist, es werde endlich und sterbe, weil dann - nur dann - auch der Tod stirbt, der Jemand das Spiel verloren hat und das Polygo gestorben „war".

Wird es aber dem Tod entrissen, dann nicht, um tri-, sprich unidentisch, zu bleiben. Der Sinn-und-dann-Ich-Verlust, die Schizophrenie kann nicht auferstehen. Sie muß eine neue Identität empfangen, muß mit sich selbst als „Orthophrenie" beschenkt werden.

Das bedeutet, ein Nur-Ich, ein Ego tantum gibt es nicht mehr. Ein solches kann es im faktischen Raum auch nie gegeben haben, denn Faktum koinzidiert mit faktorischer Provenienz. Faktum ist Donum ist Faktum. Sprengt man die Gleichung, entsteht Polygo gleich Schizoidie. Das Orthophrenie-Geschenk re-kreiert einen Erstentwurf, der von der Kreatur verworfen wurde. Erwußtsein als Implikat des Donums schließt doro-logisch ein Sollen ein: das Gedenken daran, das Dank heißt. Eine automatische Orthophrenie wäre antilogisch, weil Nichtgeschenk, sondern Oktroi. Rettungssituativ ist der Dank die Voraussetzung orthophrenen Gelingens und Sinnstiftens. Bleibt er aus; kommt kein Glaube zum Tragen, mutiert das Geschenk zur Gefahr. Sollen ist Treuegebot, weil Rettung faktorische Treue voraussetzt. Erwußtsein bedingt das Wissenwollen, Gewissen binde, weil es verbündet. Diesen Standard darf „Salvatur" nicht geringachten. Das alles geht unkommerziell zu; folgt nicht dem Do ut des. Doch eine Antwort erwartet das salvatorische Wort. Desinteresse ist keine;

erinnert vielmehr an das Kontraesse des Jemand, aus dessen Magnetfeld das Ich herausgekauft, christlich gesagt: erlöst wurde.

Als Lösemittel diente das Kreuz, die Guillotine der Zeit um Christus. Vom Unendlichen her steht dieses Holz für die Welt insgesamt als Provinz des Jemand. Für den Sohn des dreieinigen Gottes begann das Gekreuzigtsein mit der Geburt. Es war die Welt, die ihn massakrierte; doch das Massaker wurde zum Glücksereignis für jene, die Einspruch gegen die Welt erheben, und die nur Gott kennt. Sie sind es, die ein Vorauswissen infiniter Stringenz zu Christiani bestimmt. Damit geschieht kein Unrecht, sondern das Urrecht des souveränen Faktors, dessen zumal, dessen Treue den Tod in Kauf nahm, um die, die er liebt, zu restaurieren. Wer schilt einen Menschen ob seiner Neigung zu A oder B? Wer schilt also Gott ob der gleichen Neigung? Es ist ein liliputanischer Gottesbegriff, der da laut wird, im Grunde der Gottesbegriff eben jener, die Gültiges überhaupt verabscheuen und eben deshalb gewahr sind, was sie riskieren: Ausschluß.

Dem Kreuz wird kein Urteil gerecht, nur der Dank, daß es ist, und die Einsicht, daß es Necesse ist, condicio sine qua non. Wen das Geheimnis des Infiniten ärgert, der liiert sich mit dem Geheimnis des Bösen, mit kontraessierter Un-Art. Nichtehrfurcht steht dem Faktum nicht zu. Un-Art steht für die fundamentalste Kränkung, Liebe - unendliche überdies - zu ignorieren, sie als Belästigung abzuweisen. Welche Art Ich soll das sein, die das tut? Onto-logisch doch eines, das, mit dem Donum (zu sein), sich selbst verwirft; mit sich selbst im Streit liegt und „schizophren" wird, Kriegsschauplatz seiner - seiner? - Iche. Orthophrenie impliziert, oder „war", das Nein zum Polygo und das Bekenntnis, „mein" Ich sei Donum Christi, also nicht Ego, sondern „Chrego".

Die Qualität des Trostes

Die Kreuzesnezessität hat undespotische, salvatorische Qualität. „Notwendig“ ist sie, weil sie die Not wendet, trostlos zu existieren. Untrost macht Angst macht reizbar; Unsinn entwürdigt das Selbst. Das Kreuz steht bei. Nicht nach Gewinnrechnungsmaß, doch als Zukunft hinter dem Tod. Es ist Brautwerber für die Hoch-Zeit. Am Kreuz kann Ende sein, weil, wer gekreuzigt stirbt, nichts verliert als den Mangel an Gültigkeit, das Unpaarsein mit dem Faktor. Kreuz chiffriert den Genuß des Jenseits. Kein Mythos, keine Idee wird den Makel los, das Diesseits nicht wirklich zu überholen. Die Himmel der Religionen sind aporiegetränkte Gebilde, Schattenreiche, die, am Konkretum Welt gemessen, lieber gemieden werden. So bleibt es beim Schwerpunkt Intern, bei der Hauptsache Existenz, denn ein Nachruhm, ein Fortleben in der Erinnerung anderer Endlicher befriedigt, wenn überhaupt, nur – endliche – Ehrsucht. Trost, der den Namen verdient, ist das nicht.

Tröstung geschieht dem Menschen, zu dem Gott selbst kommt. Nicht als Menschenvermutung und kultweise, also von „hier“ nach „dort“, erst recht nicht als Tapferkeit vor dem Tod-Ereignis. Das ist zu wenig. Das kongruiert nicht mit dem Engramm des erwußten Menschen; das vertröstet nur, sprich bekümmert. Der endenmüssende Mensch hebt auf Ewigkeit ab, die mehr ist als Zeit, nicht bloß „länger“. Mehr in dem Sinn, daß der Satz gilt, Sterben sei nicht nur Nichtverlust, sondern Gewinn. Alles Geringere widerspricht dem geringsten Format der Logik, „reimt“ sich nicht auf den Menschen als Kompliziertheit. Wozu der Aufwand, steht im Ergebnis Ich minus X?

Nichts ist unplausibler als der Entwurf eines geistigen Wesens mit degressiver Belangperspektive. Noch unplausibler ginge es zu, wenn dieses Wesen Faktor, nicht Faktum, wäre. Ein Menschgott, der sowohl anfängt als auch ver-endet, ist entweder doch kein Gott oder einer von Todes Gnaden, sprich wiederum keiner, denn Gott, Prinzip wäre dann der Tod. Was läge aber, gesetzt den Fall, er könnte es generieren, dem Tod am Leben, höbe es ihn doch auf? Wäre dann nicht der Tod nur ein Schein-Tod im Plan eines Über-Lebens, sprich wiederum Gottes?

Folgt daraus nicht, daß der Atheismus unstringent ist, genauer: auf Anweisung handelt und diese Weisung nicht parthenogenetisch zustande kommt, sondern von einem Täter herrührt, der Untrostverbreitung bezweckt? Wäre der Mensch factor sui, hätte er keinen Trostbedarf. Ist er hingegen Faktum, dann faktoraffin, also wiederum trostunbedürftig, außer er hat den Faktor desavouiert und be-reut es, weil dessen Antwort – das Kreuz – ihn, seinen Nucleus absolutus, erschüttert.

Dem Kontraesse des Atheismus liegt an der Nichtzulassung dieser Erschütterung, weil im Erschütterten wankt, was falsch, nicht faktoraffin war, nicht galt. Der Trostbedürftige möchte gültig werden, und sein Erwußtsein signalisiert ihm, dies könne im Kreuz geschehen, denn es geschah am Kreuz, daß Gott selbst kam.

Das Problem „waagrechten“ Trostes

Sucht entjektiv jedermann diesen Trost, schließt dies aus, daß ein Mensch eines Menschen Trost sei. Der Gültigkeitstrost rührt vom Endlosen her, was einschließt, daß endliche Tröstungen lügen, jedenfalls unterschlagen (müssen), daß da nur Zweitbestes eintritt: die Ähnlichkeit zweier Sehnsüchte. Worin liegt der Trost einer Freundschaft, wenn nicht im Innesein, nämlichem Sinn zu huldigen? Zerbricht dies, hört diese Freundschaft auf, weil das Trostpotential verschwand. Treue von Mensch zu Mensch steht auf Krücken, wird sie nicht überwölbt von der Über-Treue der Zwei zum Erzsinn Beider. Nur dieser stiftet Homonoia, und nur kraft seiner ent- und besteht koinonische Qualität. Das Erwußtsein weiß das und trauert, wenn Menschen um ihrer selbst willen, „waagrecht“, kommunizieren, denn da geschieht Selbst-, weil Trostunterschreitung. Das Nötige wird verfehlt: das Kreuz als Ich-Generator.

Tod und Traum

Die Welt als Provinz des Todes, sprich seines Produzenten, des Neins zur Hoch-Zeit, bleibt zeit-, also todgebunden. Der Unterschied liegt im Wie des Todes. Tod in der Welt ist Aus; Tod am Kreuz führt darüber hinaus. Der Tod als Intern-Ereignis west schon zuvor an: als Niedrigkeiten, als Summe der Banalitäten. Das Vulgäre der Un-Treue manifestiert sich sehr handfest im Phänomen des Traums. Der träumende Mensch ist, weil ungestorben, umstritten. Nirgends erfährt er so kraß sein Polygo als in der Hilflosigkeit des Schlafenmüssens, nirgends so sehr das Necesse kruzialer Hut. Im Traum geschieht Ataxie als kontraessierte Schlacht-Ordung. Den Takt schlägt der Alb; der Mensch spielt den Part des Opfers. Strenggenommen spiegelt der Traum die Grund-Lage wachen Erlebens wider: ausgeliefert zu sein. Solange die Zeit läuft, bleibt der Gewinn – des Sterbens – notwendig aus; wird Verlust kumuliert.

Das buddhistische Defizit

Die Zweitrangigkeit des Daseins bedarf nicht spezieller Beweise, sondern allein der Nichtunterdrückung der Empirie. Diese zu supprimieren, ist aber das Geschäft des Kontraesses. Gäbe es nicht die Saga, Internes sei eo ipso richtig; nicht das Tabu, die Antilogik der rückbindungslosen Existenz beim Namen zu nennen, hätte das Dasein die Qualität der Redlichkeit und könnte sich näherungsweise lohnen. Diese Redlichkeit garantiert aber nur das Kreuz des adventlichen Infiniten. Von Buddha kann hier die Rede nicht sein, denn er verwirft nur; setzt Nein gegen Leid – wie soll das, nichtsuggestiv, trösten? Es leuchtet doch, nichtsuggestiv, niemandem ein, das Großprojekt Mensch sei nur nichtmehrgeschehend nicht der Kritik unterworfen. Seine Defizite sind zweifellose Erkenntnis; doch ihre Wandlung zu nichts wäre defizitärer als seine Defizite. Auflösung kann kein Heil auslösen; Verschwinden kuriert das Paradoxon nicht, daß das Verkehrte hochkarätige Abkunft vorweist. Distanz, Abstinenz ist kein Reich; nur ein Reich berechtigt zur Abstinenz vom Absurden. Kommt dieses Reich nicht zur Türe herein, ist es allemal gültiger, arm, aber „ich" zu bleiben; externen Beistand nicht auszuschließen. Das Zentralargument gegen Buddha lautet ja nicht, es treffe nicht zu, was er feststellt, sondern er stelle fest, daß nur zutreffe, was er feststellt. Das ist unphilalethisch, sprich unfromm, also nicht logisch, soll heißen, widernatürlich, weil Evidentes verhehlend.

Das Verschweigen externen Vorzugs hat Tötungsformat. Die besondere Schwere der Schuld ergibt sich aus der speziellen Arglist, den Leib zu schonen, die Seele aber zu untergraben, die auf den Geist setzt. Der Mythos, sie setze, worauf sie setzt, selbst, zerstört ihren Treff-Punkt, die Schnittstelle mit dem Sinn als Weggefährten von „dorther". Von diesem Herweg nicht ausgegangen zu sein, kann Buddha nicht vorgeworfen werden – er war kein Prophet -, doch es muß Anlaß zum Argwohn sein, ob ihm, nach Christi Advent, zu folgen stringent, auf Christus bezogen: gerecht ist.

Die Tiefen der Psyche

Die tiefste Tiefe der Psyche ist, sie sei Faktum Gottes, Adeodata. Dieses zeitfreie Datum hat Gründungsgewicht und Vorrecht; von dieser Gegebenheit rührt die Univalenz von Seele und Leben her. Ohne die Zustimmung zu diesem „archeptychischen" Originalzustand bleibt von der Spezialität des Menschen nur übrig, daß sie ins Paradoxe ausschert. Der Mensch erkennt nicht mehr, was er solle. Das irritiert ihn und macht ihn zum militanten Wesen; zum Imitator dessen, der ihn zum Hochmut einlud und sich seitdem versteckt. Es ist die zweite Tiefe der Psyche, ihr Tiefstes zu einem Preis veräußert zu haben, welcher sie selbst war.

Geschlechtlichkeit

Die dritte beruht auf der ersten und laboriert an der zweiten: der Mensch als geschlechtliches Vorkommnis. Mann und Frau sind nicht Stier und Kuh, sondern Dimension sui generis, archeptychisch Reflex des divinen Innen. Die Vereinigung der Geschlechter im Spiriturbereich imaginiert die dreieinige Einigkeit Gottes. Adams und Evas „Geschlechtsakt" versteht man nur im Zusammenhang mit dem Hervorgang des Geistes ex Patre Filioque. Die finite Äquivalenz dieses infiniten Prozesses macht menschliches Paarsein nicht nur zum transkorporalen, leib-seelischen, sondern auch – ja zentral – zum pneumatischen Vorgang. Adam imaginiert den Vater, Eva den Sohn; das Ergebnis wäre das Bild des unendlichen, „familialen" Gottes gewesen.

Nicht ein Bild gleicher Rechte, sondern der homonoischen Differenz trinitarischen Musters, des nicht mehr steigerungsfähigen Ineinander Zweier samt ihrem triado-logischen Dritten. Eva ist, rückgespiegelt ins Infinite, Christi Gehorsam, Adam das paternale Entzücken darüber. Gültig ereignet sich beides, Dienen und Dienstempfangendürfen, und beider Genug-Tun entbirgt beider Nämlichkeit namens Geist. Das bedingt und erzeugt die Faszination des Geschlechtlichen als heiliges Unterfangen, und es erklärt das Über-Gewicht des Sexuellen als Maßnehmen am Unendlichen.

Weil Adam und Eva mißlangen, mißriet auch geschlechtliche Würde und machte dem Irrtum Platz, Sexuelles sei Eigenwert ohne Vor-Bedingung. Das hat sich zwar eingebürgert, widerspricht aber logischen Maßstäben: Stier und Kuh sind immer noch nicht gleich Mann und Frau. Was, nach Eden, vom Menschen bekannt wird, deckt sich ja nicht mit seiner Primärstruktur, sondern ist Rückschluß aus zweiter Hand. Nach Eden ist die Geschlechtlichkeit ein Problem, doch nicht ihret- oder gar Gottes wegen, sondern der Schuld wegen. Evas Gehorsamseinsollen kam nicht zum Austrag, sondern verwandelte sich in die Inkaufnahme der Versuchung. Daß diese Erfolg hat, zerrüttet indes nicht nur Adam und Eva – das war im Ergebnis angemessen -, sondern stört auch, was schwerer wiegt, die divine Selbstdiffusion. Gott ist, zunächst, Verlierer, Gewinner der Krieg zwischen den Geschlechtern, die Verkürzung des Imaginaldialogs auf Penis und Vulva, heiliger Einung auf Pornolatrie.

Freud hat nicht durchwegs unrecht; doch Freud ist der falsche Ansatz. Er will nur die dritte Tiefe kennen und irrt, weil die dritte ohne die erste und zweite nicht nur nichts aussagt, sondern im Sinne der zweiten Unsinn verbreitet, trinitarischen Sachverhalt karikiert. Die sexualfokussierte Psychologie geht denunziatorisch vor; sie beschreibt daher nicht den Menschen, sondern entlarvt sich selbst als Filiale des Kontraesses.

Evas Funktion war magdlich. Gehilfin sollte die „Männin" sein, ihr Gehorsam Speise. Patriarchat und Matriarchat sind kein Antagonismus, sondern Komplementärformen triadogenen Vorsprungs. Die paulinischen Sätze zur Ehe unterstreichen nur, was von Anfang an galt: Herrschaft ist Unterwerfung ist Herrschaft ist Doppelgestalt der Herrlichkeit. Daß die Frau in der Kirche „schweigen" solle, bedeutet nicht, sie sei minderwürdig, sondern im Gegenteil Dominanz ex mysterio, mindestens Gleichrang. Christus ließ sich der Treue wegen pro Patre kreuzigen, was seine Würde nicht nur nicht minderte, sondern verendloste.

Es ist eine These der Suppression erster Tiefe, Evas Schnitzer als Casus belli Adams zu interpretieren. Adam konnte, mußte nicht folgen. Sein Mißgriff war der weit schlimmere: nicht verhütet zu haben, daß Eva fiel. Adam bestand den Test namens Eva nicht; er versagte als Hirt seiner „Rippe". Nur Schäbigkeit kontraessierten Zuschnitts kann daraus Grund zur Vergeltung herleiten oder den Trugschluß ziehen, diakonisches Weibsein sei Folge solcher Vergeltung. Das spränge nicht nur zu kurz; es wäre triado-logisch gelogen.

Das Merkmal tiefer Psychologie

Tiefe Psychologie beginnt beim Faktor-Faktum-Verhältnis. Sie ignoriert nicht, daß da ein Bruch kam; daß Schuld den Tod in die Welt zwang. Sie ignoriert aber ebenso wenig, daß faktorische Logik, weil Treue, damit nicht aufhört, sondern sich Wege sucht, was da galt, auch im Tod zur Geltung zu bringen. Diese Wege sind namentlich zwei: Maria und Gottes Kreuzweg. Man muß nicht Christ, nur gerecht sein, um einzusehen, daß Seelenanalyse nicht Mythen voraussetzen, die Selbstmeldung Gottes aber verhehlen kann, sie nicht wenigstens ins Kalkül ziehen müßte. Die Selbstmeldung könnte ja echt sein: Was wögen dann selektive Prämissen?

Zudem ist es ziemlich kindisch, Arché mit Defekt zu verwechseln. Ein Defekt defiziert ein „davor" Gelungenes, das dem Entwurf nach immer noch gilt. Das Minuszeichen wird mathematisch ohne zwei aufeinander bezogene Zahlen sinnlos. Metamathematisch sind diese Zeichen Urhebung und Verrat. Unwahrscheinlich sodann, daß der Urheber es beim Verrat beließe und nicht herzuträte, um das Defizit zu beheben. Maria war Adressatin dieses Herzutritts und tat, was Eva versäumte: ließ Gott gewähren, desavouierte das Pneuma nicht. Der Kreuzweg konnte beschritten werden.

Nichttheologisierende Psychologie tut Scheinkonkludentes; in Wirklichkeit schließt sie nicht, sondern schließt aus. Mehr als die Seele interessiert sie, daß Gott nicht sein solle. Damit tradiert sie die zweite Tiefe; verneint, was ihr nicht gefällt: Erschaffung.

Homophilie

Wer verkürzt, ist nur scheinbar bequem; er erfüllt einen Auftrag. Ohne dieses Mandat verböte ihm Theo-logik als Insichselbstgleichung, wegzulassen, was auf der Hand liegt. Es begeht Evidenzunterschlagung, wen der Sinn als Ur-Sache stört. Das paranoische Nein zum Paarsein generiert im Internum das Phänomen eines gleichgeschlechtlichen „Paarseins". Homophilie entsteht nicht als Spielart erotischer Bandbreite, sondern als Gegenspieler des familialen Lebens-Auktors. Der sexuelle Aspekt chiffriert nur das antilogische Element. Orgasmus findet im Kopf statt. Gibt dieser die Losung aus, monadisch zu existieren, entstellt diese Vorgabe das zentrale Moment des Paarseins: Leben zu sich zu bringen. Triadomorphe Geschlechtlichkeit ist Opfer, heiliges Tun, Sacri-ficium.

Heiliges Tun bedingt die spontane Preisgabe kontraessierten Egos, dem Leben, sprich Zeugung, ein Greuel ist. Worauf es ankommt, ist, den verkehrten Selbstand zu unterbinden; jenen, der – implizit – behauptet, „ich allein" genüge, und ignoriert, „ich allein" sei Dummheit, weil Außerachtlassung, daß Alleiniges zum Unendlichen querliegt. Infinit lebt das Einige. Dem Alleinigen fehlt, mit dem – generativen – Paarsein, die Eintracht. Es west mit sich selbst, als „tualem" Entwurf, im Zwist an, da „seiner" – als Doppelstruktur – verlustig. Anders gesagt: Das Alleinige ist, um leben zu können, zu wenig. Es geschieht, oder eher nicht, „minuralisch". Einmal ist hagio-logisch keinmal, „iniquivalent", unpassend zum Mysterium.

Das Einige, in unendlicher Bestform, qualifiziert sich durch endlose Einung: zeitlos der optimale gleich logische Zustand schlechthin, zeitlich gebrochen erotisch-orgastischer Vorgang als Rarum im pessimalen Normalzustand.

Synonym für das Optimum endloser Einung gleich trinitarischer Einigkeit ist das Reich der Himmel. Der Plural besagt, es gibt das faktorische und das faktische Reich, den Himmel als mesotheische Ur- und Grundausstattung – das dreipersonale Unendliche – und den hinzugeschaffenen Himmel gekrönter Treue, das Liebeseinkönnen als „Lohn" und Äquivalent des Glaubens.

Keiner der beiden Himmel, so viel ist der Logik nach klar, hat einen Platz im Internum; denn Umkehr, Metanoia schließt ja ein, daß Ad hoc nicht zu Hoc werde. Christsein heißt Eingedenksein, Schwangerschaft sei kein Selbstwert. Es gilt, oder alles zerrinnt, die Geburt ins Jenseits; Hebamme ist das Kreuz.

Glaube ist keine Selbsterfahrung

Der Glaube ist also kein Ding, das sein oder unterbleiben kann, weil, wenn er unterbleibt, nicht sein kann, was intendiert war. Geglaubt wird der Sinn, das Warum des Daseins, das sich ad hoc ereignet oder umsonst bleibt. Reich steht für Ehelichkeit, Nicht-Reich für Lapsus. Im Un-Glauben kollabiert das Mögliche Richtung Hölle, die Logik gen Thanatologik. Wo eines Menschen Glaube hinfällt, des „wird" er: Christi oder des Götzen, den er ihm vorzog. Der Glaube ist Generalunternehmer, der Himmel seine Gesellschaft mit unbeschränkter Haftung, der adventliche Gott ihr Alleinaktionär.

Das kann man verbürgerlichen, den Glauben als Selbsterfahrung mißdeuten wollen; doch dann wird Glaube unter der Hand zum Gegenteil seines Zwecks und Ursprungs. Eines nämlich ist er gerade nicht: Selbsterfahrung. Diese geschieht als Notstand, aus eben welchem der Glaube rettet. Der Notstand aber bin „ich" minus Gott als Nichtreflex meiner monadischen Phantasie. Gott ist kein Plüschtier. Wessen Glaube in „Königsberg" stehen bleibt, der glaubt nicht nur nicht, der lästert auf raffinierte Weise. Zudem betrügt er sich selbst, denn am Himmel nimmt er ja nach wie vor Maß und trachtet danach, ihn selbst zu realisieren, was nicht nur nicht gelingt, sondern Hölle freisetzt. Es gibt keine Gleichung Kosmopolit – Uranopolit; jener schließt diesen aus. Es gilt die Zwei-Herren-Warnung. Glaube als Aliasname für Autonomie führt zur Vulgärmission eines pharisäischen Way of life, der vom Glauben geborgte Inhalte zweckentfremdet, sprich „interniert".

Erfolg, Reformation, Gewissen, Freiheit

Ein christo-logischer Kernsatz lautet, Erfolg sei keiner der Namen Gottes. Christus haßte sein Leben in dieser Welt. Sein Advent entsprang dem Gehorsam, war Akquisitionsmandat für das logische, ewige Leben. Diesen Haß hat er denen ans und ins Herz gelegt, die „Ohren“ haben. Sein Nein zum Internbehagen entstammt keiner Mißgunst, sondern unendlichem Besser-Wissen.

Hätte Christus im säkularen Sinne erfolgreich sein wollen, wäre er diplomatischer vorgegangen, hätte zumal nicht darauf gedrungen, nur Er sei Wahrheit, und hätte zum anderen Zeit und Hoch-Zeit – die Welt und das Reich der Himmel – kohabitabel sein lassen. Sein Besser-Wissen verbot ihm beides, denn beides wäre nicht Standard, sprich nicht gerecht, nicht barmherzig, nicht theo-erotisch gewesen.

Wie Christus zu „übersetzen“ sei, und wem dies zustehe; ob es des Dogmas bedürfe, und was, wenn nicht, dann von Christus noch übrigbliebe, weil das Mysterium pluralisiert würde, also keines mehr wäre – das sind die Brennpunkte. Wen bindet wem gegenüber der Satz „Ohne mich könnt ihr nichts tun“? Wer tradiert Rechtens die Gleichung Christus – Wahrheit? Kann es sein, daß die Schrift dies „allein“ tut, wenn jeder, sie auszulegen, befugt ist? Gesetzt jedoch diesen Fall: Welche Gestalt des Glaubens trifft zu oder irrt, und wer entscheidet darüber? Tun dies mehrere, oder gar viele – schließt das nicht die Gefahr ein, daß theo-logische Grundbausteine wie Gnade und Freiheit dem Gut- oder Schlechtdünken jedermanns unterliegen und – wechselnde – Mehrheiten über die Wahrheit entscheiden?

„Muß“ daher Christi Leib nicht geheimermaßen schon in der Zeit einen Ort haben, der für Hoch-Zeit einsteht, als ihre Zweigstelle namens Dogma handelt? Ist es nicht so, daß der Widerspruch gegen das Dogma Gott im Grunde nicht zutraut, er sei, und dann logischerweise niemandem, er tradiere und definiere Wahrheit dem Geist nach? Weniger zugespitzt: Wenn Gott urhebt, Mensch wird, sich kreuzigen läßt und von den Toten aufsteht, soll er dann nicht das Recht – und die Macht – haben, Mandatare zur adäquaten Verkündigung zu berufen? Bleibt noch die Frage, wie der, dem die Kirche als mystischer Leib nicht einleuchtet, meinen kann, dieser Leib sei er. Stimmt jemand Christi Vollmacht zu und bezweifelt zugleich, sie könne sich zeitlich irrtumsfrei artikulieren, muß der Argwohn nicht nur erlaubt, sondern Pflicht sein, nicht die Zweigstelle, sondern die Hauptstelle solle da reformiert werden.

Die Idee eines „autonomen" Gewissens - von den Reformatoren vielleicht nicht gewollt, aber losgetreten - gebar nämlich den Begriff einer Freiheit als Synonym der Geringschätzung Einer verbindlichen, christlichen Wahrheit. Das Chrego - unter dem Vorwand, es reflektiere papistische Nötigung, diskreditiert - mutierte zurück zum Ego, dieses hinwiederum zum Polygo, zur ausgerotteten Identität. Autonomie und Christonomie können nicht koexistieren; sie kollidieren. Dem der Natur nach nichtautonomen Faktum steht ein freies Gewissen ex und pro Christo zu; das autonome schließt, denkt man die Sache durch, eine Freiheit von Christus ein und wurde, wenn nicht zum Handlanger, so doch zum Katalysator kontraessierter Blasphemie. Das christlich freie - zur Freiheit gleich Christus freie - Gewissen hat seinen Schwerpunkt christo-logisch im Hoch-Zeitlichen. Sein Urteil entsteht im Externen, im „Jenseits" - dem Diesseits Christi - und „weiß" um interne Antilogik. Das Urteil des „autonomen" Gewissens entsteht im Internen - im „humanistischen" Abseits - und kritisiert die Antilogik-Kritik des „Erwußtseins". Himmel ist Un-Internum, Epiphanie seine Kundmachung, Reformation deren Aufhebung. Aufhebung der Kultur der Hoch-Zeit zugunsten der zeitfokussierten Stultur des Todes. Luther, Zwingli und Calvin waren, das mag schon so sein, nicht die Urheber dieses Verhängnisses; seine Zwischenwirte zu sein, haben sie freilich in Kauf genommen. Sie hätten, daß es so kommen werde, wissen können und schweigen sollen.

Kirche und Israel

Mit der Kirche verhält es sich wie mit den Juden. Beide sind eine Schande Gottes, doch beide sind Gottes Bräute. Rom wie Jerusalem verdanken sich infiniter Willkür. Daß Rom und Jerusalem unheilig waren, ist Gottes Problem, nicht das der Nichtbräute. Es gibt keinen Vorzug des Anti-Rom-Affekts vor dem antijüdischen. Die Heiligkeit beider entspringt ihrer Ehelichkeit mit Gott, und Haßobjekte sind beide ob eben dieser. Beide hat Gott, weil tangiert, tabuiert, und beide fungieren als Implikat und Agent des Mysteriums.

Realiter haben beide kein Recht; glorialiter haben sie jedes Vorrecht: die Juden auf ihre glückliche Schuld, die Kirche darauf, die Wahrheit zu inkarnieren. Das Dogma kann logisch nicht irren, weil es der Zeit die Treue Gottes verdolmetscht. Luther irrt, wo er geht und steht, weil er die Braut verachtet – übrigens nicht nur die römische, auch die jüdische. So erstaunt es auch nicht, daß die Reformation, die das Bessere will, stets das Schlechtere nicht nur gebiert, sondern auch noch vervielfacht. Luther ist der pneumatische Vorfahr Robespierres, Stalins und Hitlers. Diese vertatlichten, was jener zwischenwirtlich entfachte: die Selbstbestimmung des Menschen als lebensfeindliche, terroristische Grundgebärde.

Kein karitatives, kein künstlerisches Stupendum kann kompensieren, was Luther abwarf: Rom als Garant der Hoch-Zeit. Nur Rom ist bräutlich, nur es im Stande, „Geheimat“ zu spenden. Rom allein geht, christo-logisch, dem Kontraesse nicht auf den Leim. „Neuzeit“ als Opposition zur Koinzidenz von Weg, Wahrheit und Leben gleich Christus entstand aus der Anmaßung, Gottes Verlobte nicht nur zu tadeln, sondern ihr auch noch nachzusagen, sie sei der Teufel.

Diese Verleumdung öffnete jeder Art von Verleumdung die Türe, jener zumal des Relativismus als der Verunglimpfung elementarer Logik. Zudem: Wenn der Satan eineinhalb tausend Jahre lang – unbemerkt – über die Kirche gebieten konnte, mußte das nicht nur heißen, Christi Botschaft sei ebenso lang verstümmelt worden, sondern auch - subcutan - den Verdacht erregen, ob nicht Christus der Satan selbst sei. Luthers Satz von der Welt als des Teufels

Wirtshaus käme dann eine schreckliche Qualität zu. So oder so – ein Mindest-Soupçon blieb hängen: Was von Christus zu halten sei, wenn er bis Luther wartete, um eine Räuberbande in seinem Tempel zu demaskieren. War es den Völkern zu verargen, wenn sie ein Mimikry-Potential gegenüber satanistischen Strömungen aktuierten? Wer konnte noch sicher sein, ob nicht de Sade der gemeinte Mensch und Güte, mit Nietzsche, nur Schwäche und dummes Zeug sei? Schließlich: Wer wollte noch darauf wetten, daß Luther der einzige war, mit dem der Satan sich nicht camouflierte? War die Kirche bis Luther ein übler Scherz – welchen Grund gab es, nicht zu verzweifeln? Luther baute, gewollt oder nicht, das Internum zum Hort des Zynismus um. Woran sich halten, wenn nichts mehr hält, als an „mich"? Doch was war das noch: „Ich", war Christus entweder machtlos oder Betrüger oder Fiktion des Bösen? Wie immer: Dem Menschen blieb nur die Opferrolle, an der er zuschanden werden oder für die er Vergeltung verlangen konnte. Christsein als Tröstung, als Sinn-Adäquanz war – letztlich – keine Option mehr.

Luther hat – nolens, vielleicht – den Nihilismus gezeugt, ihn mindestens losgelassen: die entjektive Unmöglichkeit, menschlich zu existieren. Weil Kirchenentwertung faktisch mit Christusentwertung einherging, entwertete „Los von Rom" das Ewige überhaupt; geriet das Jenseits, das heißt, die christo-logische Haupt-Sache, grundsätzlich in den Verdacht, Konstrukt zu sein. Daß es dafür keinen Textbeleg gibt, ändert nichts am Befund; implizit sagt der Antipapismus just dies.

Der Standard war fortgefallen, weshalb es dem Kontraesse leichtfiel, interne Norm zu werden. Das Nein zum Standard war immer latenter Brauch gewesen; nun wurde es offenes, öffentliches Ereignis, gemeindliches Surrogat. Die Freiheit vom Standard – dem vatikanischen Instrument der „Lüge" – verwandelte sich in den Standard selbst. Das autonome Gewissen mutierte zum Revolutionsgewissen, das mit den Bauernaufständen ausbrach und 1789 historische Dominanz erlangte. Den Aufruhr „Umständen" zuzuschreiben, bemüht Symptome; am Kern trifft es weit vorbei. Es waren der Zustand der Heimatentreißung, der abhandengekommene Kreuzweg, die Nichtmehrlogik des Herwegs, die die Revolte verursachten. Äußeres Elend mag da und dort der Anlaß gewesen sein. Der Grund war das Elend innen, die Verwahrlosung in den Köpfen. Die Logik der Revolution hat psychopathologische Wurzeln. Konnte das Heilige in Verruf geraten, machte, was unter ihm galt, erst recht keinen Stich mehr. Die Macht überhaupt entbehrte der Raison d'être. Das Supra zählte nicht mehr. Der mystische Nukleus hatte sein Optimum-Maß verloren und griff zum Maximum. So kam es zum Kapitalismus, zur „Hauptsache Plus". Nicht einiger Weniger, sondern Aller, denn alle teilten sich den Verlust des externen Maßstabs; alle fanden sich in „Ägypten" wieder und waren ratlos.

Antinoia, Metanoia, Kontritionismus

Unerhörtes geschah: eine Reue gegen die Reue gen Christus. Die Metanoia kam auf den Index interner Norm. Das Revolutionsgewissen erklärte zum Sinn, was gegen den Sinn stand; behauptete eine Pflicht zur Antinoia wider den – bald nicht nur mehr römischen – Hokuspokus. Eine Wahlfreiheit wurde nicht intendiert, sondern vorausgesetzt. Standard sei das Profane und jede Gesinnung außerhalb antinoischer Normen widernatürlich, sprich vogelfrei. Bloß nicht zu kurz zu kommen, sich selbst der Nächste zu sein, war die Parole der sich betrogen Wähnenden. Das Bellum omnium contra omnes gerann zur Weltliteratur; „Shakespearie" brach aus.

Da half kein Rekurs zu Werten „an sich", kein Appell an das „reine" Humanum. Die „Erziehung des Menschengeschlechts" ex interno, durch eben dieses, war und bleibt Illusion, wenn der Satz gilt, Faktum sei ungleich Faktor, Mensch indes logisch Faktum. Verhält sich das so, geschieht ohne Christi Herweg und Kreuz weder Friede noch Freiheit, ausgenommen die Freiheit des Kontraesses. Die Sünde der Un-Treue bleibt und macht krank, wird sie nicht vergeben. Vergebung indes geht vom Sohn aus, der nur im Römischen Leib zur Welt hin anwest. Ein Reformator mag über Schuld debattieren – vergeben kann er sie nicht mehr. Die Abendmahlfeier als höheres Brauchtum genügt nicht, weil sie das Wichtigste nicht mehr bietet: die

Entschuldung durch sukzessorische Vollmacht und den Realkonsum infiniten Leibes.

Die christliche Imprägnatur als entjektives Ereignis schließt ein, das Faktum gelte als Chrego oder entarte zur Chaosfigur Polygo. Der Mensch empfängt sich im Kreuz zurück oder scheitert. Wer das Kreuz diffamiert, auch bloß nicht wahrnimmt, wandert aus der Entschuldung aus und wird Mitarbeiter des Todes. Wiederbelebung und Kreuz sind zwei Namen der gleichen Sache, ebenso Kreuz und Arznei. Es gäbe ja keine Krankheiten - „kleine Tode" -, gäbe es nicht den „autonomen" Menschen. Dem widerspricht nicht, daß auch der Christ erkrankt, denn sein Kranksein hat Kreuzkaliber und führt, da der Tod - durch das Kreuz - getötet wurde, zum Leben. Der Christ erkrankt solidarisch mit dem Gekreuzigten, nicht zum Vorgeschmack seines Endenmüssens.

Das weiß auch der antinoische Mensch. Die Widerreue hat die gerechte Reue nicht ausgeschaltet, sie freilich der genuinen Instanz beraubt, sich sozusagen zum Zähler aufgeworfen. Gleichwohl: Der Nenner bleibt die Metanoia, genauer gesagt, eine ortlose, unkonturierte Zerknirschung. Die Larmoyanz der Romantik bezeugt das; die Wehmut, die ihren Grund nicht mehr kennen mag (oder darf): den Treubruch. Gerade die Fruchtlosigkeit des Romantischen steht für die Not-Wendigkeit der Contritio, beweist ihr Sine qua non. Es ist dieser Kontritionismus, der einer Skepsis gegen das Revolutionsgewissen, gegen faktische Autonomie überhaupt, ihr Recht schafft. Entjektiv trachtet Contritio nach Christonomie; ihrer Nennerfunktion nach bleibt sie im Wunsch nach Xenonomie, welcher Art auch immer, stecken, verwechselt sie doch Arché, welcher Art auch immer, mit Hier-arché und heißt jede Macht, jede Ordnung willkommen, bricht diese nur, wenn auch scheinbar, mit dem Menschen - dem Einzelmenschen - als Maß der Dinge.

Diese Kryptometanoia wird zum Nährboden des Fascismus als Plagiator kirchlichen Aufrufs zum Blutzeugnis. Soziale Aspekte sind da nur Beiwerk. Der zentrale Schub kommt vom Sühnenwollen, vom Schrei nach Kreuzweg, nach Unter- zwecks Übergang Richtung Heil. Prägung prägt bis zur Hölle, stiehlt man ihr Telos Himmel, ad hoc sie anfing. Es bleibt dabei: Christsein ist Erbgut oder auch -schaden.

Die Welt hängt am Kreuz – am echten oder an Hakenkreuzen. Es gibt nur den Kreuzweg oder, fällt dieser aus, die Abwege seiner Kopisten. Mittelwege scheiden, historisch wie logisch, aus. Sie vermitteln das Nötige nicht: Heil, das herkommt oder so tut, als ob. Waagrechtes, Zeithaftes reicht nicht; es wird dem Hoch-Zeits-Entwurf nicht gerecht.

Krulizität

Hoch-Zeit und Kreuz sind entjektiv Siamesische Zwillinge, Tandem auf Leben und Tod. Die Verpönung des Kreuzes stellt eine Falle, in der sie umkommt, denn das Kreuz-Hoch-Zeit-Tandem schließt ein, daß Kreuztragen Glück nicht nur bringt, sondern ist. Orthophrenie ereignet sich flagellantisch. Antinoisch verkommt das zum Masochismus, doch metanoisch geschieht da die Grunderfahrung des Himmels. Crux und felix sind christo-logisch Schwesterbegriffe für höhere Identität: des Crulix-Menschen. Das ändert sich im profanen Bezirk der Art nach; vom Grund her bleibt es erhalten.

Krulizität und Christokratie kongruieren dem Sein nach. Der Wirkung nach heißt das, es gibt ein logisches Inter-esse für Kreuz und Christus als Hegemon. Der Umkehrschluß stützt die Prognose, das Kontraesse der Autonomie sei nur der Zeit nach mächtig, vom Wesen her tödliches Todgeweihtes. Der Imperativ des Kreuzes definiert nämlich Leben nicht zeitfokussiert, sondern korreal mit dem Infiniten. Exsistere, das Inslebentreten, besitzt ein Standardprofil, unterhalb dessen Zu-Frieden-Sein abwest, der Mensch unterfordert ist. Nicht Vorhandensein, ohne weiteres, gilt, sondern Treue dem in der Zeit und zum Schein abhandenen, entjektiv – staurologisch – aber zuhandenen Gut Immanuel.

Krulizität ist Staurokratie ist Christokratie. Unter dem Blickwinkel sowohl des Unendlichen als auch der Sanität des Menschen stellt sich die Frage nach dem Verhältnis von Christokratie und Demokratie um so mehr, als diese - geistesgeschichtlich - zwei Wurzeln hat: eine nüchterne und eine mystische.

Die nüchterne - gleich antike - rührt von der Einsicht her, daß im nicht zu verhütenden Fall der schlechtesten Staatsform, der Despotie, tausend Despoten das kleinere Übel seien als wenige oder nur einer, weil das Übel despotischer Macht vielförmig nicht umhinkomme, sich wechselseitig zu lähmen, bis Besseres, Herrschaft der Besten, eintritt.

Die mystische - christliche - Wurzel bringt kein Erfahrungsmoment ins Spiel, sondern verweltlicht ein Offenbarungsdatum, die - uranische - Koinonia panton. Sie konstatiert nichts, sie postuliert vielmehr etwas, das nach revelatorischem Selbstverständnis erst mit dem Verschwinden der Zeit zum Tragen kommen, zeitlich aber nur scheitern kann, weil es Heiligkeit unterstellt, die „intern" Rarität bleibt.

Demokratie als empirische Staatsverfassung ist also entweder Selbstbetrug oder Mißverständnis. Selbstbetrug, weil, nach christlichem Maßstab, nicht notwendig kongruent mit Christokratie, anders gesagt: zu wenig; Mißverständnis, weil, nach profanem Maßstab, Dislokation posttemporalen Geschehens ins Temporale, sprich Un-Sinn.

Wen Christus ärgert, den muß, bleibt er konsequent, die „Christinfizierung" realer Zustände ebenso irritieren, namentlich die Vulgär-Trinität von Freiheit, Gleichheit und Brüderlichkeit, malt doch die Wirklichkeit ein ganz anderes Bild des Menschen. Dem Christen hingegen wird einleuchten, daß Krulizität und Mehrheitsprinzip einander ausschließen (müssen) - schon deshalb, weil dieses, da reformationsgeschädigt, zur Autonomie des Einzelnen neigt, sprich Defekt tradiert.

Das logische Inter-esse für Christi Kreuz impliziert in der Tat Koinonia, Krulizität als gemeindliches Vorkommnis. Gewiß ist Mystik Commerce intime zwischen Faktor und Faktum, also Gut ohne-gleichen. Triado-logisch besteht jedoch noch der Mangel an horizontaler Äquivalenz: Es gibt kein Bündnis gleicher, konsubstantialer Ekstasen, keine Öffentlichkeit der Krulizität, weil das logische Inter-esse vom Kontra-esse der Autonomieidee zwar nicht vertilgt, aber „privatisiert", sprich geächtet, wurde.

Öffentlich darf nur das selbstbornierende Nein sein, der kleinste gemeinsame Ameisen-Nenner. Diese Öffentlichkeit entpuppt sich jedoch als die Aufpfropfung der – privaten – Gesinnung Weniger auf die Vielen. Das Volk mutiert zum Gesellschaftsredukt, zur Maschine im Dienst des Aufruhrs gegen das entjektiv Wichtige. Im Reich der Himmel ist nichts privat, sondern alles, Gott zumal, „offen", Res publicissima. Deren schon jetzt Gewahrsein prägte ein andermal die Struktur des Demokratieprojekts der Neuzeit: daß Gott Alles in Allen sei.

Daß dies waagrecht, sprich ohne – externen, adventlichen – Gott, obszön werden mußte, liegt auf der Hand, weil mangels Rückbindung keine Bündnissubstanz von Belang entsteht. Das Taedium aller auf Rechtbekommen und Konsumentenstatus Verkürzten verbündet zu nichts als zu Aller Hader. Nicht erst seit Popper ist es ein Notum, daß Demokratie nie Volksherrschaft war, sein kann und sein soll, sondern das Herrschaftsmandat an Einige impliziert oder „war". Die Frage bleibt, ob das Volk Mandant oder Mandatar sei. Mandantschaft schlösse die Gültigkeit autonomen Gewissens ein; Mandatarschaft, dies sei Fiktion. Ist es aber, wofür die Logik plädiert, Fiktion – in wessen Auftrag mandatiert dann das Volk seine Mandatare? Wählt es nicht einen Steuermann „in den Lüften"; jemanden, der ihm die Eligenda idio-logisch vorgibt, das populäre Wahrnehmungsspektrum antitheistisch präselektiert? Wählt da nicht lutherogene Verwahrlosung ein Programm des Todes und ahnt es? Die Unöffentlichkeit des Kreuzes, geseiht durch Krulizität, generiert – virtuell jedenfalls – die Öffentlichkeit der Hakenkreuze. Hitler und Seinesgleichen sind Rom minus Christus.

Möglich, weil lebensfähig, wäre die christonome Demokratie. In jedem anderen Fall besteht die Gefahr, daß, was „ist", nicht durchdringt, die Krulizität Surrogaten aufsitzt und eine Kommun-Ekstase, die fascistische „Koinostase", eintritt, Fusel statt Wein unters Volk kommt.

Der Unmut über die Demokratie rührt nicht von ihren Schwächen her – sie hat ja, gemessen am Schlimmeren, ihre Stärken -, sondern daher, daß sie zur christlichen Imprägnatur nicht passt, dieser vielmehr zwar entstammt, doch sie verniedlicht, verzwergt hat, Drittrangigkeiten sakralisiert. Das verbittert den Nucleus absolutus, der zwar verschüttet ist, aber, da absolut, auch im Verwahrlosten nachwirkt.

Von der nämlichen Imprägnatur stammt die uneingestandene, tabuierte, doch selbst Hedonisten nicht fremde Todesaffinität. Sie zumal ist das Kapital der Fascismen: die Faszination des Endens als Qualität sui generis, die „internierte" Gestalt der Auferstehung. „Tiefenpsychologisch" liegt der Erfolg fascistischer Führer im plagiatorischen Einsatz der Ostererwartung. Gewiß: minus Ostern, zweifellos aber auch staurokratisch quasi-legitimiert. Die Duces Räterußlands, Chinas, Deutschlands und anderer Länder sind „Christusse", die ihren Völkern eine Art Huld erwiesen, indem sie sie kreuzigten. Das sättigt zwar keinen Hungernden, beweist aber, daß, wer sein Sterben Gewinn nennt, den Hunger als dessen Vorgeschmack nicht nur nicht ablehnt, sondern ihn nuklear begrüßt. Die nichtchristonome Demokratie ist nicht nur keine Arznei gegen Hakenkreuze, sondern, da kreuz-los, ihre Gebärmutter. Die Profanierung unendlichen Lebens erzeugt kein Leben; sie verdringlicht vielmehr die Todesaffinität. Die Ostererwartung – die Mutter der Krulizität – bedarf nicht der Zustimmung; sie ereignet sich axiomatisch, von selbst, als mein Selbst in spe: Heil oder Unheil bringend. Ein Drittes gehört nicht zum Inventar der Logik.

Gibt es nämlich den logischen Imperativ des Kreuzes, dann auch den pharmako-logischen. Der Mensch will „des Sinns", sprich gesund, sein oder, wenn krank, so gesundähnlich krank wie möglich. Als Betörter schmäht er das Kreuz; als mit Christus Gekreuzigter kennt er nichts anderes. Nicht vom Eigen-Sinn her, sondern dem Herzen nach, das Jesus, der Herr, in seines, in „Herrz" verwandelt, sich afformiert hat.

Chrego, Nucleus absolutus und Herrz sind Dreifachgleichung. Im Herrzen artikuliert sich die freiere, heilige Freiheit des Faktors; jene, die vatikanisch oder fascistisch ausfällt; jedenfalls keine, die nur sie selbst – also nichts – ist: die autonome.

Freilich will Christus „recht haben“; aber als Gott hat er sowieso recht, und als die Liebe „darf“ er das nicht nur, er „muß“ es um jener willen, die nicht mißlingen, nicht hakengekreuzigt werden wollen. Das Herrz bestätigt den Menschen nicht, es enteignet ihn zwecks Sanierung; tut ihm divine Gewalt an wie dieser dem Herrn diabolische. Das Herrz ist die Antwort auf Israels glückliche Schuld. Herrzlich sind Faktor und Faktum „quitt“. Herrz, als verliehene Wahrheit, will Wahrheit, das heißt: sich selbst. Deshalb ist es das Gültige überhaupt, das heilige Ding an sich. Das Herrz hat die Freude, die Herzen fernbleibt; im Herrzen geschieht, nie im Herzen, das Nötigste: Friede gerechter Art.

Herrz lernt sterben; Herz will nur weiterleben und stirbt schon deshalb. Am Ende – am Anfang – wird nur noch Inter-esse, kein Kontraesse mehr möglich sein, denn Ende – Anfang – ist Standards Stunde, sprich Standardfreiheit von kontraessierten Normen. Das Recht bekommt, was es entjektiv hat, auch in praxi: Allmacht. Pharmakologisch gehört das Herrz keiner Gattung an, sondern tröstet. Politologisch regiert es jetzt schon, denn auch verkehrtermaßen geschieht nur es in Geschichte, weil, was ihm grollt, ohne es nicht geschähe. Pharmako-logik ist Charito-logik.

Geschichte verläuft auf zwei Ebenen: herrenlos und behütet, herrzlos oder beherrzt. Herrzlos als Abwicklung eines Schadens, beherrzt zur Bestätigung infiniter Willkür. Komplikation liegt vor, weil kein Herz nicht zugleich „verherrzt“ ist, so daß, ob Verherrzung Frucht bringt, das Maß setzt, nach dem sich Gnade austeilt. Nicht so, daß das Herz entschiede, doch so, daß zur Geltung kommt, „herrzhaft“ entscheide das Herz gewiß mit. Das folgt keinem Ursache-Wirkung-Schema, sondern geheimen Regeln, die nur Gebet begreift: der beherrzte Geschmack „vor“ dem Denken. Ein fascistisches Herz kann gerettet werden, weil es beherrzt war, aber kein Herrz werden „durfte“; doch das ist Case law.

Feststeht: Herrz ist ob seiner Zukunft über das Herz hinaus eo ipso Freude, die „herzlich“ ausbleibt, das Herrz aber drängt, sich zu diffundieren. Die Nichtfreude legt das Zeugnis des Un-Danks ab, denn der Dank hält das Jenseits nicht nur für möglich - er wettet auf es und weiß, daß ein Daseins-Leben allein, daß Nur-Zeit absurd, onto-logischer Scherz, besser: Schwachsinn, wäre. Herrz impliziert die Zuversicht durch den Tod hindurch, die Begeisterung der Verlobten gen Ehe. Traurigkeit ist ein Vergehen gegen die Logik, Angst camouflierter Un-Dank.

Die dämono-logische Wurzel des Nichtdanks

Das Profanum als „Internat“ hat und gewährt keine Freude, denn wer die Auferstehung verneint, verhöhnt implizit auch das Herrz. Der Sadduzäer beläßt es beim Tod und wird pneumato-logisch zum Hedonisten, zum Apotropäiker gegen das Aus schlechthin (das gleichwohl nicht „sein“ kann).

Wer keinen Hoch-Zeits-Mehrwert voraussetzt, kann mit der Zeit, sprich mit sich, nicht umgehen. Sein Beruf ist die Todverschweigung, die logisch nicht Freude macht, sondern tötet. Schwermut geschieht als aufgeschobener Selbstmord. Sie zu heilen, bedingt einen Qualitätssprung, den Salto zum Kreuz hin. Ohne Sinn gibt es keinen Frohsinn; der zynische Scherz ersetzt keine Perspektive transtemporalen Formats.

Der Leugner der Auferstehung „muß“ ja den Tod verleugnen, gleichzeitig aber inne bleiben, der Tod sei Haupt-Sache, das Problem an sich. Ein Problem zumal, das zu lösen der Mensch, ob der Schuld, kein Talent hat; von dem er daher erlöst werden muß oder es inkarniert. Gegen den Tod als Schuldresultat ist kein Kraut interner, sprich pekkatorischer, Art gewachsen, steht er doch für das Umsonst des Humanereignisses ohne „weiteres“, ohne das Paarsein mit der adventlichen Treue Gottes. Es ist die Aversion gegen Gott, den Faktor, die sich der Konversion Richtung Gott, den Retter, entgegenstemmt: Wer sich nicht freuen kann, „will“ sich nicht freuen.

Es liegt nicht an Christus, es liegt am Nichtdank, wenn Christen der Depression verfallen. Der „Sinn für den Sinn“ als externe Zentralperson hat, so scheint es, die „Tür“ geschlossen, durch die der Geist „hereinkommt“. Angesichts der - im Wortsinn - unendlichen Wichtigkeit, „ich“ zu sein; hinzugenommen sodann das Herrz als Bürgschaft für die enorme Herrlichkeit, auf die wir „hinauslaufen“, läßt sich der Nichtdank nicht nur nicht nachvollziehen, er mutet gespenstisch an - nein: dämonisch, zirkumsessiv.

Die Logik des Herwegs, also die Wahrheit der Schrift, einmal unterstellt, muß man noch weitergehen, den Nichtdank dämono-logisch nennen. Das hebt seine Absurdität nicht auf, erklärt aber das Necesse des Vorgangs und gibt, so absurd dies auch klingt, Anlaß zu Trost und Freude. Die dämono-logische Wurzel des Nichtdanks bedeutet nämlich im Resultat, daß das Herrz nicht Fiktion, sondern Tatsache infiniter Natur ist, der Mensch tatsächlich besitzt, wogegen der Dämon Sturm läuft, die enstatische Lähmung nach kontraessiertem Maßstab also stringent ist und alles andere nicht plausibel wäre. Der Mensch „allein“ vermöchte nicht, nicht zu danken; niemand hat ihn so intendiert. Christi wegen ist Jubel menschliche Grundausstattung.

Das letzte Gefecht

Die Zirkumsession chiffriert die Aufgeregtheit, ja Panik des Kontraesses. Es bläst zum letzten Gefecht, und es setzt eine Waffe ein, die das Herrz kopiert: die Zusage aller Macht, sozusagen die geologische Hoch-Zeit zum Preis des Desinteresses am Standard Christus. So wurde schon Christus versucht, und das Kalkül ist, das Herrz als Darlehen werde nicht standhalten.

Dies um so weniger, als auch die christliche Zusage „alle Macht“ verheißt - freilich durch Kreuz und Tod hindurch. Lucifer spart das Kreuz aus und verspricht sich davon die Umleitung eben des Danks auf sich selbst, der entjektiv dem Gekreuzigten zusteht. Die List ist genial: Die Gegenleistung wird zismortal, hier und jetzt, erbracht; die „Wette" darauf, der Salto kann unterbleiben.

„Alle Macht" ist die Herrschaft des Menschen über den Menschen, das Faktum als factor sui. Die Neuauflage der Genesis in Gestalt der Gen-Technik verkündet das Ende des „Dependenzskandals", der Peinlichkeit des Empfangens dessen, was machbar ist: Himmel als kreuzloser Nichttod aus der Retorte, der Selbsttrost, die voraussetzungslose Souveränität.

Diese Macht ist kein leeres Wort. Sie kann wirklich verliehen werden. Lucifer trägt ja wirkliches Licht. Das Aber: Er stahl es, sich zum Verhängnis. Es ist vergiftetes Licht, und es verleiht dämonische Macht, die den Tod nicht aufhebt, sondern ihn – dämono-logisch – produziert. Da hilft es Lucifer nicht, daß die Hybris auch in Soutanen auftritt und kontraessierten Optimismus statt Hoffnung wider die Welt verbreitet. Versuchung geschieht nicht den Vielen, die schon gewonnen wurden, sondern dem Heiligen kraft Mandat. Der allmächtige Mensch fungiert als Werkzeug des Kontraesses; beider Desaster schläft nicht.

„Stalin"; Korrelation von Herrz und Zirkumsession

Wer das Böse beklagt, doch den Bösen verschweigt, tut das nicht aus Barmherzigkeit, sondern als dessen Angestellter. Man kann nicht den Mammon tadeln, die Mammonarchie als Geschichtsmacht, als personales Regime, aber ignorieren. Das gleiche tun jene, die „Christus" sagen und menschliches Gutsein meinen. Herrz hat nur Darlehensrang: Ohne den Dator, als Herz, taugt es nicht nur zu nichts, es toleriert Stalin-Wesen; Gestalten, die so erkennbar höllisch geprägt sind, daß, wer den Satan schon in der Zeit für vertilgt hält, nicht nur irrt, sondern frevelt.

Herrz und Zirkumsession korrelieren. Diese gäbe es ohne jenes nicht, und jenes wäre nicht glaubhaft, bliebe es ohne Reaktion der Mächte, die an den Rand zu drücken sein Kernprogramm ist. Die Logik der Apokalypse schließt diesen Endkampf nicht aus, sondern ausdrücklich ein. Wer die Eschata unterschlägt, weil das Neue schon dominiere, vergißt: Dem Herrzen nach dominiert es; vom Eid auf das Kreuz her steht es noch aus. Krulizität kongruiert mit dem Kreuzweg, dieser mit meinem Tod gen Neubeginn. Noch geht mein Leben mit diesem schwanger, und die Geburt geschieht mit dem Tod der Zeit. Solange noch jemand Lucifers Licht dem divinen vorzieht, herrscht Krieg. Ein Friedens-„Prozeß" widerspricht zudem der divinen Logik. Der Friede beginnt mit der Parusie: nicht prozessual als Vorgang menschlichen Fortschritts, sondern als Zustand kraft Eingreifens des Immanuel gegen das Kontraesse. Der Friedensprozeß-Idee liegt die Fiktion zugrunde, Friede und Welt seien kompatible Dinge. Das wären sie, wenn die Welt Christi wäre, denn Friede ist weder Prozeß noch Ding, sondern Hilfswort für trinitarischen Binnenstatus, für mesotheischen Standard.

Schalom heißt zunächst die Eintracht zwischen Kreator und Kreatur, mit der Maßgabe, dieser Friede sei kreatorischen Ursprungs und Rechts; bedinge daher, als Zustand, das kreatürliche Einverständnis, die Qualität der Treue. Erst dann, und deswegen - wenn und weil Alle treu sind -, entsteht auch horizontale Eintracht, wird „Friede auf Erden": auf einer Erde, die dann, und deswegen, nicht mehr die alte sein kann.

„Unseren" Frieden, den christusfreien, kann und wird es nicht geben, denn entweder Christus hat recht, und Friede und Christus koinzidieren, oder er war ein Schwärmer, dann spricht kein Erfahrungsdatum für horizontale Eintracht, und Friede bleibt das Petitum Minderbegabter.

So gilt in der Tat: Wer den Frieden will, rüste zum Krieg. Nicht gegen Menschen und nicht nach Menschenart, sondern nach Christi Art gegen das Kontraesse der „Fürsten und Mächte". Wer mit diesen den Frieden sucht, das „Schwert des Geistes" nicht zieht, der multipliziert den Krieg, den er meiden wollte. Obendrein macht er

Christus als Kämpfer lächerlich, der den Tod nicht scheute. Lucifur und Schalom sind Ungleichung par excellence.

Satans „Recht“

Wer gibt, war die Selbstmeldung Gottes kein Bluff, einem Menschen das Recht, den Satan nicht wahrzunehmen, dem Christus große Bedeutung zumißt? Nicht Hauptgewicht, aber Rang, weil als Macht, das Unendliche zu bezeugen, hervorgerufen. Allerdings wäre Gott lächerlich, nähme er, was er zur Exzellenz bestimmt hat, nicht ernst. Was er zur Glorie urhob, hat ebendeshalb Gewalt, auch dann, wenn es abfällt und Gott befehdet. Der Heilige muß mit der heillosen Macht zurechtkommen - nicht so wir? Werden wir dann nicht Vasallen des Heillosen, oder was wäre die Art „dazwischen“?

Gott nimmt ja auch mich so ernst, daß er stirbt ob meiner Verkehrtheit; soll er den Engel ob dessen Schrecklichkeit ignorieren? Christi, nicht meinetwegen, ist Lucifer unbedeutend. Das Kontraesse scheut nur das Kreuz, nie den, der das Kreuz verachtet oder es nicht (mehr) wahrnimmt. Der Nichtglaube ist der Genosse des Kontraesses. Auf Lucifer hinzuweisen, vor ihm zu warnen, droht nicht nur nicht, es entspringt und entspricht der Kreuzeslogik; betont die Bedingtheit des Friedens durch Christi Opfer, gibt also Anlaß zu Trost und Freude - vorausgesetzt, daß ich in dieses Opfer eintrete, solidarisch mit Christus, mit Christi Krieg werde: standhalte. Der Satan liegt erst am Boden, wenn Gott Gericht hält: Zuvor, in der Zeit, wird „ermittelt“, wer wessen wert oder schuldig wurde. Der Mensch ist der Baumeister seiner Infinitfaçon. Die Zeit bis zur Parusie, die „Bis-Parusie“ wäre überflüssig, hätte die Parusie schon angefangen. Und nicht nur überflüssig. Sie wäre ein Ärgernis, weil ja feststeht, daß Böses nicht nur nicht aufhört, sondern das Wort führt, so daß nicht Friede entsteht, sondern Zorn, daß er nichtentsteht.

Peace enforcement ist Omnipotenzanmaßung, sprich diabolischer Abkunft. Sie ergänzt, was sie schilt, ja dient ihm; verstärkt das Konzert des Schreckens. Jeder Brand, den der Friedenserzwinger austritt, entfacht drei neue. Diese Entente mit dem Nein funktioniert um so besser, als der entrüstete Friedensstratege sie gar nicht wahrnimmt, weil seine Anmaßung ihn verdummt hat. Klüger, politisch heilsamer - weil bescheidener, demutsnäher - wäre es, Brandherde zu „ummanteln". In dem Maße, in dem der Wahn verschwände, die Welt - gleich, wohin - zu „entwickeln", nähme auch die Gefahr des Weltbrands ab, denn Parusieimitate sind automatische Wutobjekte, wenn auch recht komische, weil, im Ergebnis, impotent. Nichts nährt die Zwietracht verläßlicher als der Zwang zur Eintracht. Concordia wird nur in Herrzen wirksam; diese aber rühren vom Geist her.

Der Satan hat eine Würde als Magnifaktum. Der Nichtdank ist ihrer gewahr; er hätte sonst nicht begonnen. Nichtdank geschieht als subtilere Form der Schwarzen Messe, als Variante der Mammonarchie, als Huldigung ohne erkennbar liturgische Qualität und Ordnung. Der Nichtdank betet durch Unerlassung den falschen Gott an; im Nichtfrohlocken des Taediums jubelt das Kontraesse über das Scheitern kruzialen, „ewigen" Lebens.

Eucharistie und Acharistie / Apokalypse

Der Imperativ des Kreuzes schließt ein, der Sollzustand faktischer Existenz sei Dank. Kruzial verstanden, geht es nicht um Befehl und Vollzug, sondern um das Frohlocken dessen, der Treue erfuhr. Das eucharistische Sollen ist virtuell eher ein Zustand des Dürfenwollens als christo-logisches Echo auf salvatorische Wohltat. Eucharistie hätte Standard sein müssen, wäre da nicht der Umstand eingetreten, dessentwegen das Kreuz sein mußte: das Magnifaktum Satan. Christus wäre ja nicht gekreuzigt worden, hätte die Eucharistie ob seines Advents begonnen. Das war aber nicht der Fall, so daß, was dann folgte – Kreuz, Tod und Auferstehung -, nicht Jesu Privatschicksal bleiben konnte, sondern zum Generalereignis wurde: der Kirche und jedes Einzelnen. Es muß erfahren – erlitten – werden, daß Eucharistia zwar richtig, aber umstritten ist; daß das entartete Magnifaktum, weil Magni-faktum, verneint, was entjektiv – trinitarisch-faktorisch – zutrifft; daß das Himmelreich imitiert wird, weil ein Höllenreich, nur als solches, bei niemandem „ankäme". Das Nein ist nicht originell; es baut, was es haßt, getreu nach, weil es inne bleibt, daß im Herrzen, worauf es aus ist, nur eines gilt: Treue.

So kommt es zur „doppelten Tautologie". Das Nein repetiert, verkehrtermaßen, das Ja und der Mensch die Geschichte Christi und der Revolte Lucifers. Acharistia steht gegen Eucharistia; der Nichtdank wird zum System, zur „natürlichen" Wurzel gegen den trinitarischen Standard. Die Apokalypse behandelt also nichts Rätselhaftes, sondern das durch und durch logische Hauptereignis, den magnifaktürlich in Frage gestellten Faktor. Das Geheimnis des Bösen hängt mit dem Ernst der Wahrheit, mit ihrer Gefahrbereitschaft zusammen. Gewiß ist die Wahrheit Siegerin ihrer Natur nach; doch genauso gewiß kann Gott nur Gott sein, wenn er riskiert, sich „getäuscht" zu haben. Das klingt undivin, aber nur hinwegaffinem Gottesbegriff. Der adventliche Gott, der viel freier ist, als wir ahnen wollen, wischt das vom Tisch.

Apokalypse als onto-hygienische Nezessität

Christus verblüfft religiöse Normerwartungen, die sich festlegen. Christus legt sich, nach Normmaß, nie fest, nur auf eines: Wer gelingen will, muß sich auf Christus festlegen, also normfrei werden. Frei vom Diktat der Norm, es befreie, was Christus abweist; frei von der antichristlichen Arroganz, es gelte, was Heiliges außer Kraft setzt; frei schließlich vom neronischen Druck der Paranoia, irgendein – faktisches – Ich sei Christus ebenbürtig.

Acharistie kann nicht sein; deshalb muß Apokalypse, muß Parusie sein. Die Sünde konnte den Standard stören, doch nicht ersetzen. Nichts bezeugt das so stark wie die Unbehaustheit des Faktums im Hier des blasphemischen Wolkenkratzers. Nirgendwo sonst wird so klar, daß Sterben Gewinn ist, selbst wenn kein Himmel folgte. Jedenfalls gälte, auch ohne Christus, die Pflicht zur Einsicht, Hiersein sei dämonarchisch mißraten. Auch ohne Advent der Wahrheit träfe das Urteil zu, wonach die Verfaßtheit des Menschen mit seinem Elend nicht kongruieren könne; daß damit Schluß sein müsse.

Dieses Urteil regiert kalyptisch; doch es bestünde auch dann, wenn waagrechte Harmonie herrschte, aber kein Gottesdienst stattfinden dürfte. Die kalyptische Einsicht vermißt den Standard, der im Sozialen, in ihm „allein", abwest; die Apo-kalypse mißt ihr das Recht zu, das sie sich – scheinbar – anmaßt: Zirkumsession, Verrat zu wittern. Sie, die Apokalypse, ist nämlich onto-hygienische Nezessität, denn im Kalyptischen bliebe es bei der Mutmaßung, die den Entdecker der Krankheit krank macht. Die Welt stünde weiter kopf, und das Kreuz hätte nichts verändert, weil, es Fiktion zu nennen, weiter „normal" wäre.

Wäre, was vorkommt, Zufall, wären die Arten, zu existieren, zahl-, weil wahllos. Die Ordnungen sprechen dagegen; plädieren für Urhebereinfall und Abfall von ebendiesem. Für Einfall, weil Wahl, sprich Geschmack, sich anzeigt; für Abfall, weil da kein Dank, kein Nur-Dank ist, sondern Hader. Ein Bleigewicht hängt am Zentralpetitum, der Abfall möge entfallen, logisches Tun sich ereignen: Jubel vom Grund her. Es herrscht, was zu dienen berufen war, und es hungert, was satt sein sollte. Das Gültige muß sich ducken.

Diesen Mißstand zu offenbaren, ist Apokalypse: das Namenlose des Abfalls zu unterbinden und zu verkünden, woher der Einfall rührte. Offenbarung geschieht als Befreiung zur Liturgie. Nicht zur kursorischen, sondern zu einer als perpetuellem Naturereignis, sozusagen zum Hoch-Zeits-Tag ohne Ende, denn eine andere Weise der Zeit wäre nicht gerecht.

Parusieanmaßung

Die onto-hygienische Nezessität der Apokalypse als christliches Erbgut birgt die Gefahr, das Agendum - Necesse - werde nicht christo-logisch, als Parusie Christi, verstanden, sondern als Werkzeug idio-logischer „Anthroporien". Der Mißstand des Nichtdanks als Generaldefekt gerät aus dem Blick und partikularisiert sich zu Vorwänden für Vergeltungen waagrechter, intradefektuöser Art und Quelle, für „Säuberungen" des Menschen durch Menschen. Den Generaldefekt, den Alle verkörpern, ertragen ja Alle nicht - weswegen „Alle" Christus ans Kreuz schlugen -; andererseits dringen Alle - vom Herrzen her, also christo-logisch - auf die Hygienelösung als pharmako-logisches Muß-Geschehnis.

Weil jeder erlöst sein könnte, fast jedem jedoch die Erlösung durch Kreuz und Tod, die Krulizität, nicht zusagt, tendiert fast jeder zu einer „Endlösung" mittels Rache an jenen, die die Erlösung Aller behindern. Die onto-hygienische Nezessität wird zur sozio-hygienischen Frivolität, wird makaber. Der acharistische, dennoch herrzinfizierte, Mensch greift zum Sündenbock: Sündenlast und Erlösungssehnsucht sind anders nicht mehr zu bändigen. Die Absurdität der „Welt" wird zum Schmerzereignis des Nucleus absolutus, das Verlangen nach „Konsurdität" zur persönlichen oder auch kollektiven Psychose.

Das reicht vom Reinlichkeitsfimmel der sonst eher unauffälligen Hausfrau bis zum Pogrom, zum Genozid als Intern-Variante des Exorzismus. Im Kern geschieht dabei stets Parusieanmaßung, das Trachten nach Restauration des Standards ohne Verbürgung des Resultats durch Gott. Geschichte als Endprodukt ihrer selbst, dividiert durch Christus, ist jedermann engrammiert; jeder ist Wirker und Werk der Letzten Dinge und weiß im Herrzen um ihre nichtzufällige Qualität, vor allem aber um ihre „Baldigkeit". Auch Lucifer hat eine „Naherwartung" und tut, mit toxischem Optimismus, das Seine, um den Prozeß - seinen Mißerfolg - zu beschleunigen. Christliches Erbgut schließt eine Ewige Wiederkehr aus und Endpunkt, Höhepunkt oder Tiefpunkt, ein. Alle tradieren das. Die Heiligen sowieso und die Mörder, indem sie es karikieren.

Jedermann sann und sinnt jederzeit auf die Ausrottung derer, die, wie er wähnt, zwischen ihm und der Fülle stehen: der Juden, der Besten, der Reichen, der Nichtdemokraten, der Kirche, der ungeborenen Kinder. Immer war, einer Heilsfiktion wegen, Apokalypse jetzt: bei Luther, bei Robespierre, bei Lenin, bei Hitler, Pol Pot und möglicherweise Bush junior; doch nie waren diese es „selbst", die agierten, sondern die kontraessierten Erzgewalten, die „Tiere" der Apokalypse, die sich Handlanger, Apostel-Kopien erkoren. Christologisch bedingt, hat die Fülle mystischen, trinitarischen Zuschnitt, der freilich antichristlich obszöne Züge annimmt. Nichts ist so ekelhaft - und so verhängnisvoll - wie das kopierte Heilige. Profanität und Fanatismus sind nur dem Schein nach ungleich, eigentlich eher Zwillinge - etwa Voltaire und Hitler: Mytho-logisch ist da kein Unterschied.

Die mystische Dimension

Die mystische Dimension entzieht sich dem kategorialen Zugriff, denn Kategorie und Geheimnis sind inkompatible Ordnungswelten. Jene war dieses, betrieb die Spaltung und fusionierte mit dem Geheimnis des Grolls, das Person nicht zuläßt. Mystik als - grollfreie - Konsurdität bedingt daher einen Doppelschritt: die Rückabwicklung der Oppositionsverschmelzung und die Fusion mit dem Trinitarischen, die Entkategorisierung zwecks „Synegorie" mit dem Heiligen. Das Herrz will die Synegorie; das Herz will sie nur bedingt, nämlich kategorisch. Das Ergebnis ist „innige Tobsucht", Para- statt Apolyse; das Mißverständnis zumal, Mystisches könne waagrecht, „politisch" stattfinden. Mystik ereignet sich homonoisch mit dem Unendlichen, das heißt zu dessen Bedingungen, oder sie stiftet - und leidet - Schaden.

Mißlungene Mystik verfehlt nicht nur entjektiv den sich selbst verpflichteten Standard, sondern die Pflicht durchtränkt auch die Zeit als Gehilfin der Ewigkeit. Ignoriere ich diese Assistenzfunktion, wird, was Fülle sein sollte, Tortur. Langeweile ist unerledigte Mystik. Kein Surrogat nostri generis kann das heilen, kein Mehrwert der waagrechten Art, auch kein Mythos, die Suigenerität des Mysteriums substituieren. Im Gegenteil: Die absolute Intensität des Geheimnisses verwandelt die Inadäquanz interner Kopien zu Explosionen. Mystik hat Weisungsrecht. Wer es bricht, bricht „aus"; muß Kompensation durch Horrendes leisten, ahnend, daß Leistung in diesem Bezirk nicht gilt, weil sie Quantum mit Qualität verwechselt.

So zwingt der enttäuschte Standard zur Standardenttäuschung intern-autonomer Norm, zum Wutpotential Richtung Welterziehung, die logisch - und logisch von Mal zu Mal krasser - fehlschlägt. Die Ähnlichkeit mit der Satanssituation springt ins Auge: Ein Frustrierter verfünffacht seinen rabiaten Einsatz, was wiederum seinen Frust verzehnfacht. Eine Spirale des immer besseren Willens ist eingetreten; eines Willens indes, der, weil nicht gut, ins Nichts führt. Was sein soll, Hoch-Zeit, kann man nicht machen. Man muß es „sein" lassen, sich auf es einlassen, sprich unterlassen, was dazu nichttaugt.

Es ist das Erzimplikat des sich selbst problematischen Menschen, Gott zwar nicht von der Hand zu weisen, ihn aber auch nicht wirklich zuzulassen; nicht anzunehmen, da sei Kontrahierungspflicht. Dieser Gottesbegriff wird den Ruch nicht los, er wolle sich Gott am Ende doch lieber einbilden. Daß Gott Heimat sei, weiß zwar das Herrz, doch das Herz verneint es, weil ein Zirkumsedent ihm dies vorschreibt. Damit ist aber alle Mystik hinfällig, denn eine Braut, die den Bräutigam keine schlechte Idee nennt, im übrigen aber ledig zu bleiben gedenkt, onaniert. Da hilft auch Kontemplation nicht - da begegnet nur Onan Seinesgleichen. Das krasseste Gegenteil mystischen Tuns ist der Ästhetizismus. Der mag üben, soviel er will: Seine Askesis steht für Bumerang. Sie befreit nicht, ändert nichts an der Zirkumsession, die zu leugnen gewiß ein Recht, doch ein Recht auf Tod ist. Leben, wo es verwirkt war, fängt mit dem Wunsch an, sterben zu dürfen, damit die Wahrheit nicht mehr vereitelt werde.

Dieses Petitum hat Recht und Grenzen. Recht sowieso, weil treuegeboren; Grenzen der Krulizität und des Auftrags wegen, den Standard zu diffundieren. So ist die Mystik der Vorort ertragreichen

Sterbens und dessen Weise das Repetitum des Unterlassens zirkumsedenter Norm, das Ablassen von der Lethe. Lethe besagt, das Entscheidende sei zur Randerscheinung genötigt, das Nötigende zum Zentralaspekt aufgestiegen. Diese Verkehrtheit zu korrigieren bedarf es der Nachahmung des Entscheidenden. Das Ablassen von der Lethe muß unablässig geschehen. Nur Wiederholung holt das Vergessene wieder. Lucifer imitiert das Unendliche zwecks Verbreitung des Kontra-esses; der mystische Mensch tut das gleiche im Inter-esse des Standards.

Der Synegorie-Petent darf nicht vergessen, daß das profane Internum aus kontraessierten Kategorien nicht nur besteht, sondern auch dazu zwingt, in ihnen zu denken. Das Kontraesse „dressiert" zum Nichtdank, indem es ein Begriffsinventar oktroyiert, das Oppositionsversuche vom Wortschatz her gar nicht erst zuläßt: Treue wird „Köhlerglaube", Logik „Intoleranz". Zirkumsession ist semantischer Umsturz.

Dies ins Kalkül zu ziehen, tut not. Kein Argument heilt den Mißstand des Abfalls, weil kontraessiertes Vokabular von just diesem herrührt, Sprache zum Sprach-Rohr der Apostasie verwandelt wurde. Dem Herrzen fehlen die Worte. Lethe kommuniziert mit sich selbst; Disput wäre Hochverrat. Selbst den Nucleus absolutus beherdet der Generalsoupçon gegen das Gültige. Eingedenk dessen empfiehlt es sich für den Anfänger, die unablässige Repetition nicht rückbindungsförmig, sprich glaubenwollend, zu unternehmen, sondern mit einer List zu beginnen, um sich, soupçoninhärent, nicht selbst kritisieren (und resignieren) zu müssen.

Die List ist die „technische" Unaufhörlichkeit. Wer nicht aufhört, hört, was nie aufhört, das Infinite. Hört er es erst, assimiliert es ihn, und der Soupçon hört auf; wird gegenstandslos, weil gewahr, betrogen, Depp gewesen zu sein. Das Herrz ertappt den Soupçon als Trojanisches Pferd des Mißmuts über den Faktorgott. Dem Unaufhörlichen widerfährt Fraterie: der Brudergott Jesus Christus. Zunächst anonym; doch das Onoma liegt im Wie der Begegnung. Es gibt keinen Zweifel: Fraterie ist der Immanuel ist Fraterie. „Weiter" ereignet sich nichts, nur die Aneignung alles Weiteren.

Stichwortverzeichnis